旅游管理与中外旅游人才
培养模式比较研究

朱蔚琦◎著

广东旅游出版社
GUANGDONG TRAVEL & TOURISM PRESS
悦读书·悦旅行·悦享人生

中国·广州

图书在版编目（CIP）数据

旅游管理与中外旅游人才培养模式比较研究 / 朱蔚琦著 . — 广州 : 广东旅游出版社 , 2020.12
ISBN 978-7-5570-2388-1

Ⅰ . ①旅… Ⅱ . ①朱… Ⅲ . ①旅游经济－经济管理－研究②旅游业－人才培养－培养模式－对比研究－世界 Ⅳ . ① F590

中国版本图书馆 CIP 数据核字 (2020) 第 243481 号

旅游管理与中外旅游人才培养模式比较研究
Lvyou Guanli Yu Zhongwai Lvyou Rencai Peiyang Moshi Bijiao Yanjiu

广东旅游出版社出版发行

（广州市环市东路 338 号银政大厦西楼 12 楼　邮编：510180）

印刷　河北文盛印刷有限公司

（地址　河北省保定市涿州市东仙坡镇下胡良北口）

广东旅游出版社图书网

www.tourpress.cn

邮购地址：广州市环市东路 338 号银政大厦西楼 12 楼

联系电话：020-87347732　邮编：510180

710 毫米 ×1000 毫米　16 开　11 印张　204 千字

2021 年 3 月第 1 版第 1 次印刷

定价：58.00 元

前　言

具有"无烟产业"和"永远的朝阳产业"美称的旅游业，已经与石油业、汽车业并列为世界三大产业。伴随着经济的快速发展，我国旅游业也取得了飞速进步。如今，我国已经成为一个旅游大国，与世界其他各国的旅游交往也在不断扩大，成为世界旅游体系的一个重要组成部分。旅游业的发展与扩大固然离不开旅游目的地的建设和旅游资源的开发，但旅游管理也是旅游行业的重中之重。在现实的旅游生活中，因旅游管理不善而导致重大损失的事件仍时有发生。

21世纪是人才竞争的世纪，人力资源作为第一资源，不仅成为各国经济发展和科技进步的核心推动要素，也是国家与国家综合实力较量的竞争焦点。目前我国旅游人才队伍呈现出数量不足、质量偏低、结构失衡等问题，现实情况不容乐观。培养和建设一支符合市场需求、有国际竞争力的高素质旅游人才队伍成为推动旅游业发展的当务之急。本文以旅游人才培养模式为研究的切入点，基于旅游产业发展特征及对人才的需求，从我国旅游人才培养现状及培养历史入手，分析我国在旅游人才培养中存在的问题，剖析背后的深层原因，总结影响我国旅游人才培养水平的相关因素，发现旅游人才培养模式落后是其中的关键原因之一。通过对我国旅游人才培养模式类型与导向的剖析，以及对美国、瑞士、澳大利亚、德国、日本等旅游教育发达国家人才培养模式的类型与导向的比较，总结、借鉴国外的成功模式和实践经验，为我国旅游人才培养提供有益借鉴。在上述研究基础上，本文提出要创新旅游人才培养理念，围绕素质教育、能力提高、知识学习及技能培养，培养适应产业发展需求的适用型、全面发展型和创新复合型旅游人才。

《旅游管理与中外旅游人才培养模式比较研究》一书旨在为实现我国旅游业发展的两大战略性目标，促进旅游经济稳步、快速、可持续发展，从旅游管理视角，探讨我国与旅游发达国家之间的异同，提供启示和借鉴。比较全面地与英国、法国、西班牙及日本等旅游发达国家进行了宏观旅游管理的比较研究。

由于学识所限，研究中不免出现挂一漏万之处，其中也不乏值得进一步探讨的观点和问题，在此敬请各位专家、学者给予指导并由衷致谢。

目　录

第一章 旅游管理范畴

第一节 旅游者

一、旅游者的界定

根据考证，最早提出"旅游者（tourist）"一词的是英国的萨缪·佩吉。但对旅游者的定义一直没有形成一个统一的标准。直到1991年，世界旅游组织在加拿大召开了"旅游统计国际大会"，明确了旅游者的概念，并以《国际旅游统计大会建议书》的形式报联合国，经联合国统计专家委员会审议通过后，于1995年开始在全球推广使用。其中的"旅游者"分别在国际旅游中与国内旅游中被加以界定。

（一）国际旅游中"旅游者"的定义

1.世界旅游组织的定义

根据世界旅游组织提出的并经联合国统计专家委员会审定而公布的国际旅游中"旅游者"的概念要分别就国际游客、国际旅游者、国际一日（或当日）游游客进行定义。

（1）国际游客

国际游客即指一个人到他通常居住国家以外的其他国家进行旅游，而且时间不超过一年的人员，包括国际旅游者、国际一日（或当日）游游客在内，其主要目的不是从访问国获得任何经济报酬。主要包括以娱乐、健康、探亲、运动、研究、度假等为目的到某一国家的访问人员，也包括通过该国到第三国的人员；在某一国暂时停留的飞机和轮船上的全体工作人员；在某一国停留不超过一年的其他国家的公务人员，包括为安装设施设备而停留的其他国家的技术人员；跨国公司因商务（出差、开会、业务、研究等）而到某一国家停留不超过一年的职员；从某一国家作短暂停留而时间不超过一年的侨民。对于以求职、移民、驻军、外交人员、边境工作人员身份到某一国家以及难民、流浪者和拟在某一国家停留一年以上者排除在国际游客的范围之外，不纳入国际游客的统计中。

（2）国际旅游者

国际旅游者即指一个国际游客到某一国家旅游，至少停留一夜（即24小时以上），至多不超过一年，其目的不是为了从访问国获得任何经济报酬。它是国际游客的组成部分，只是不包括未过夜的国际一日游游客在内。

（3）国际一日（或当日）游游客

国际一日（或当日）游游客即指一个国际游客到某一国家旅游而不过夜（不超过24小时），其目的也不是为了从访问国获得任何经济报酬。其中包括途经某国停留并允许免签证入关的轮船上或飞机上的乘客等。它也是国际游客的组成部分，只是不包括过夜的国际旅游者在内。

2. 中国原国家旅游局、国家统计局的定义

在我国原国家旅游局、国家统计局制定的《旅游统计制度》中基本上采用了国际上对"旅游者"的定义，并结合我国的实际将国际旅游者对应定义为海外游客、海外旅游者和海外一日游游客。

（1）海外游客

海外游客即指来我国观光、度假、探亲访友、就医疗养、参加会议或从事经济、文化、体育、港澳台同胞等海外入境人员，其连续停留时间不超过12个月，并且主要目的不是通过所从事的活动获取任何报酬。它包括海外旅游者和海外一日游游客。

（2）海外旅游者

海外旅游者即指入境的海外游客中，在我国使用旅游住宿设施并至少停留一夜的外国人、港澳台同胞。

（3）海外一日游游客

海外一日游游客即指入境的海外游客中，未在我国旅游住宿设施过夜的外国人、港澳台同胞。

（二）国内旅游中"旅游者"的定义

1. 世界旅游组织的定义

根据世界旅游组织和联合国统计专家委员会的定义，将国内旅游者分为国内游客、国内旅游者和国内一日游游客3个基本概念。

（1）国内游客

国内游客即指一国居民为了特定的需要而到他通常环境以外的国内另一个或多个地方旅行，时间不超过 6 个月，主要目的不是为了从访问地获得任何经济利益。它包括国内旅游者和国内一日游游客。

（2）国内旅游者

国内旅游者即指为了休闲、度假、运动、商务、会议、学习、探亲访友、健康等目的而离开通常环境以外的国内其他地方旅游，时间至少 24 小时以上但不超过 6 个月，并且不从访问地获得任何经济利益的国内游客。

（3）国内一日游游客

国内一日游游客即指国内游客基于任何原因在国内任一地停留，但不过夜（即不超过 24 小时），其目的不是为了从访问地获得任何经济利益。

2. 中国原国家旅游局、国家统计局的定义

在我国原国家旅游局、国家统计局制定的《旅游统计制度》中对国内"旅游者"的定义参考了世界旅游组织提出的指导性原则和定义，并将其也划分为国内游客、国内旅游者和国内一日游游客。

（1）国内游客

国内游客即指报告期内（12 个月内）在国内观光游览、探亲访友、就医疗养、购物、参加会议或从事经济、文化、体育活动的本国居民，其出游的目的不是通过所从事的活动谋取报酬。它包括国内旅游者和国内一日游游客。

（2）国内旅游者

国内旅游者即指国内居民离开惯常居住地在境内其他地方的旅游住宿设施内至少停留一夜，最长不超过 12 个月的国内游客。

（3）国内一日游游客

国内一日游游客即指国内居民离开惯常居住地 10 公里以上，出游时间超过 6 小时而不足 24 小时，并未在境内其他地方旅游住宿设施过夜的国内游客。

二、旅游者的分类

（一）按旅游者的审美个性划分

个性是指具有一定倾向性的各种心理品质的总和。审美个性是指由于审美主体的生理基础、心理素质、文化教养、生活环境、生活经历等的不同，对某些对象或对象的某些方面显示出特殊的喜好、偏爱和审美趣味。按审美个性的不同可将旅游者分为 4 种类型。

1. 自然审美型

这类旅游者特别热衷于自然景观的观赏，如欣赏自然界的山水泉瀑、天象、林木、沙漠、动植物等自然类旅游资源，渴望身临其境、探幽猎奇，以饱眼福。自然审美体验随游客个体的不同而不同，同一自然物在不同的游客中会以不同的形象被感知。

2. 艺术审美型

这类旅游者特别热衷于对各种艺术（品）的欣赏，如建筑、工艺美术、雕塑、书法、绘画、音乐、舞蹈、碑刻、园林等，对感受富于强烈民族风格和文化氛围的艺术美有强烈的追求，往往会使其流连忘返。

3. 社会审美型

这类旅游者特别热衷于对人类生活内容和结果的感知，如民族习俗、民族服饰、民族艺术、居民态度等，十分注重能以美的眼光来审视、观察、检验所在的社会制度、结构、人情、伦理、民风，渴望追求理想的生活。社会审美中由于加入了人的成分，游客所审美的对象是依赖于一定的民族而存在，从而使审美体验更加丰富生动。

4. 饮食审美型

这类旅游者注重能品尝各地的美味佳肴，以感受各种不同的文化氛围，寻求蕴含在其中的审美意味。

（二）按旅游者动机的层次划分

旅游者是从事旅游活动的主体。旅游动机是维持和推动旅游者进行活动的内部原因和实质动力。若按由低到高排序可以区分为 5 个层次。

1. 放松动机者

放松动机者即旅游者通过离开自身的定居地到另一个地方短时期逗留，去观赏异地风光，体验异国风情，揭示异地特色，使身心得到放松、休息和恢复。

2. 刺激动机者

刺激动机者即旅游者通过空间的转移，了解国内外各方面的知识，得到新的经历，亲临其境地接触世界各地的居民，欣赏变幻奇妙的自然风光，体验异地文化，考察不同的生活制度，以寻求新的感受、新的刺激，形成新的思想。

3. 关系动机者

关系动机者即旅游者通过外出旅游，结交朋友，建立友谊，给予爱，获得爱，逃避社会关系，解除人际烦扰，建立商务伙伴关系。

4.发展动机者

发展动机者即旅游者在身处异地的文化氛围中，培养多种兴趣，得到新的知识，掌握新的技能，增加新的阅历，获得异地的奖赏，提高个人的声望和魅力，成为旅游鉴赏家，获得他人尊敬，发展自我潜能。

5.实现动机者

实现动机者即旅游者借助于旅游，充分地利用各种旅游资源，发挥客体对主体的能动作用，丰富、改变和创造人的精神素质，主宰自己的人生，达到更高的成就，实现自己的梦想和精神价值。许多生物学家、地理学家、文学家、画家的著作都是从旅游考察中获得丰富的创作源泉的。

（三）按旅游者动机的因子划分

若采用多元统计因子、聚类分析的方法对旅游者动机进行归纳，形成 4 个因子。第一因子——社会因子，它在同其他人在一起、与朋友度过快乐时光、同其他人交朋友、发展密切的友谊、获得感情上的归属这 5 项中具有较大的载荷。第二因子——放松因子，它在精神放松、清静的气氛、体力放松、避免城市生活的喧嚣这 4 项中具有较大的载荷。第三因子——知识因子，它在增长知识、发现新地方和新事情、发挥自我想象这 3 项中具有较大的载荷。第四因子——技能因子，它在运动中发挥体能和技巧、向自我能力挑战这 2 项中具有较大的载荷。因此，可以用这 4 个因子作为上述 14 项旅游动机的综合变量对旅游者进行聚类，将旅游者分为 11 类。

不同类别的旅游者在 4 个动机因子上的表现也呈现出不同的特征。比如：非想象型放松者的放松性、知识性分值高，而社会性、技能性的分值低，其旅游动机主要在于获取知识，显然，不同于大多数人所认知的那种放松者。精力充沛型放松者的放松和技能因子分值高，知识因子分值居中，而社会因子较低，倾向于运用文体技能达到锻炼和放松的目的。知识型技能者对知识和技能两因子要求很高，对社会和放松因子保持中立态度。心理型放松者在心智上的放松因子要求特别高，相对地，在社会、知识、技能方面的要求并不强烈，甚至很低，并在所有类中愿望最低。完备度假者在社会、放松、知识、技能 4 项因子中都要求很高，是所有类中欲望最高者。

第二节　旅游产品

旅游产品是旅游经济的基本细胞，没有旅游产品，就不能满足旅游者的需求。旅游产品是旅游业存在和发展的基础，是旅游经济活动的主体，旅游产品的品种、数量和质量直接关系到旅游业的兴衰和旅游经济的可持续发展。

一、旅游产品的界定

在不同的文献中对旅游产品的定义有所不同，归纳起来大致有 4 种代表性定义。

（一）经历说

经历说即把旅游产品界定为旅游者在旅游活动过程中的全部经历和感受。旅游者花费了时间、精力和费用外出旅游，其目的是实现旅游活动带来的体验和感受，实现一次经历。这种短暂的异地生活所需的一切，如饮食、住宿、交通、游览、购物、娱乐等系列性产品，都是保障实现旅游目的的必需。这一定义强调从旅游消费的角度认识旅游产品，从而有利于强化旅游开发中的市场观念，增强旅游经营者对满足旅游者消费需求的服务意识，更好地遵循市场供求规律而提供旅游产品。

（二）组合说

组合说即把旅游产品界定为由旅游经营者提供的旅游资源、旅游设施、旅游服务和旅游购物品等多种要素组合而成的综合性产品。这一定义是从旅游供给角度认识旅游产品，有利于对旅游产品的组成进行分析，从而有利于旅游产品的开发和销售。

（三）交换说

交换说即从市场角度出发，把旅游产品界定为旅游者和旅游经营者双方交换的一次旅游活动所消费的物质产品和服务的总和。这一定义是从市场交换角度出发，不仅对旅游产品有质的规定性，也有量的规定性，从而有利于从旅游经济方面较完整地认识和理解旅游产品的概念，也有利于旅游产品的开发、销售和统计。

（四）综合说

综合说即由于现代产品概念实际上是建立在以消费者为中心的基础之上，为满足消费者需求，而通过市场交换的包括有形的物质产品和无形服务的总和。因此旅游产品界定为在旅游市场上，由旅游经营者开发并向旅游者提供、满足其一次旅游活动中所消费的各种物质产品和服务的总和。这一定义不仅从质的规定性上明确了旅游产品是旅游活动中所消费的各种物质产品和服务的总和，而且从量的确定性上界定了旅游者的每一次旅游活动所消费的物质产品和服务就是一单位的旅游产品，同时还明确了旅游产品必须是通过旅游经营者开发（包括对自然物的包装和组合等）并提供市场交换，被旅游者购买或消费的物质产品和服务的总和。

二、旅游产品的类型

旅游产品可按照存在形式多寡、功能、销售方式进行分类。

（一）根据存在形式的多寡分类

1. 单项旅游产品

单项旅游产品即指旅游者在旅游活动中所购买和消费的有关饮食、住宿、交通、游览、购物、娱乐等某一或几方面的物质产品或服务。如订购一间客房、享用一顿美餐、游览一次景点等。

2. 旅游线路产品

旅游线路产品又称组合旅游产品，是指旅游经营者（尤其是旅行社）根据旅游者的需求，把食、住、行、游、购、娱等多种要素或单项旅游产品组合在一起所提供的产品。如旅行社提供的包价旅游产品、专项旅游产品。

3. 旅游目的地产品

旅游目的地产品又称整体旅游产品，是指某一旅游目的地能够提供并满足旅游者需求的全部物质产品和服务。其中包含了若干项单项旅游产品和若干条旅游线路产品。按照旅游吸引物和旅游服务的不同，可具体划分为观光、会议、度假、科考、修学、商务、探亲访友等不同的旅游产品类型。

（二）根据旅游产品的功能分类

1. 观光旅游产品

观光旅游产品又称观景旅游产品，是指旅游者以观赏和游览为主要目的的旅游产品。一般可分为自然风光、城市景观、名胜古迹、国家公园、主题公园、野生动物园、森林公园等旅游产品。随着现代旅游的发展，许多观光旅游产品已经不仅仅是单纯的观光旅游，而是融入了更多的文化内涵和休闲度假内容，使观光旅游产品的内容更加丰富多彩和富有吸引力。虽然以观赏风景古迹、游山玩水为主的观光旅游在未来不一定为霸主地位，但仍是重要主题。因为它可以满足公众追求文化阅历、成就地位、享乐行为的心理驱动。

2. 度假旅游产品

度假旅游产品即指旅游者利用公休假期、奖励假期、带薪假期而进行休养和消遣所购买的旅游产品。一般有海滨旅游、度假村旅游、度假中心旅游、度假区旅游等。度假旅游产品通常要求度假地要具备自然景色优美、良好的气候并可形成全季候旅游接待、拥有令人满意的住宿设施、完善的文体娱乐设施、便捷的交通与通信等条件。其特点是强调休闲和消遣。目前，度假旅游在我国初现端倪，随着居民可支配收入的增加，公休假日的增加及奖励旅游的发展，带薪休假制度的普及和完善，分时度假产品的成熟运作，度假将不再是文学作品中的浪漫故事，而必然成为旅游的一个亮点。

观光旅游产品与度假旅游产品的一个不同之处在于旅游活动的重复性。观光旅游产品是旅游初级阶段的产品，游客多停留在"到此一游"的心态上，重游率极低；度假旅游产品则属于成熟旅游产品，游客关注的是放松身心、体验旅游带来的快乐，重游率较高。另一个不同之处在于急行军式的观光旅游产品只会让人疲惫，而度假旅游产品则是让人们从疲劳中解脱出来。

3. 文化旅游产品

文化旅游产品即指包括以学习、研究和了解旅游目的地文化为目的的旅游产品。主要有修学旅游、名校旅游、考古旅游、博物馆旅游、艺术欣赏旅游、民俗风情旅游、名人故居旅游、怀旧旅游、文化旅游区旅游、旅游文化中心旅游、大型艺术节旅游等。文化旅游产品不仅蕴含着较为深刻和丰富的历史文化内涵，而且具有客源市场的广泛性、旅游内容的知识性、旅游活动的参与性等突出特点，同时文化旅游产品能够吸引具有相当高的文化素养和造诣的旅游者。"读万卷书，行万里路"是公认的成才之路。"旅游＋学习"方式符合学生消费的特点，是智力投资的一种方式。

4. 娱乐旅游产品

娱乐旅游产品是一种能给人带来精神愉悦的旅游产品。它可以使得人们的精神获得释放，为和平年代人们的生活增添了新的乐趣与节奏。新科技带来人们工作与生活的程序化、紧张化，所造成的体力减负，使得放松神经、寻找愉悦成了人们的必需。我国近几年来娱乐业取得了快速发展，如上海锦江乐园、苏州乐园、广州东方乐园、深圳欢乐谷、武汉长江乐园、香港迪斯尼乐园等纷纷出世，印证了娱乐旅游发展的必然。

5. 享受旅游产品

享受旅游产品即指为满足人们物质和精神享受需求而提供的旅游产品。主要有豪华列车旅游、豪华游船旅游、美食美味旅游、新婚旅游和奖励旅游等。享受旅游通常具有旅游消费支出高、娱乐内容丰富、旅游活动自由和配备专业服务人员等特点。随着现代经济的发展和人们收入水平的提高，享受旅游产品的发展潜力越来越大。

6. 公务旅游产品

公务旅游产品即指人们以出差、参加会展、经营洽谈、会晤、交流信息、商务活动为主要目的的旅游产品。公务旅游产品作为一种新兴的旅游产品，是以公务为主要目的，以旅行为基本手段，以游览观光、休闲度假为辅助活动的旅游产品。

最常见的会展旅游是指借参加会展之际的旅游，其中包括会议旅游和展览会旅游等。两者有时合二为一，有时分而举行。会议旅游是东道主利用接待各种国际会议的机会，在会前、会中或会后，组织与会者参加的一种旅游活动新形式。展览会旅游是东道主利用接待各种展览会的机会，组织参加展览的一种旅游活动新形式。其中，受到政府、商界和专业人士重视的是博览会旅游。

随着现代经济的全球化发展和国际旅游的迅速发展，不仅公务旅游旅游者越来越多，旅游的范围越来越广泛，而且公务旅游的设施和服务也迅速向现代化发展，并为各类企业家、经营者、营销人员及经济工作者提供多方面的服务，进一步促进了公务旅游的快速发展。

7. 业务旅游产品

业务旅游产品即指为满足旅游者探求专业业务知识、技能需求的旅游产品。主要有工业旅游、务农旅游、学艺旅游、科技旅游、考察旅游等多种形式。这种旅游产品大多数是满足旅游者某一方面或多方面的特殊需要，其内容也多数是与业务性密切联系的旅游活动，因而是一种积极有益的旅游活动，

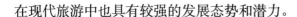

在现代旅游中也具有较强的发展态势和潜力。

8. 康体旅游产品

康体旅游产品即指能够使旅游者身体素质和体能得到不同程度提高和改善的旅游产品。主要包括体育旅游和保健旅游两大类。体育旅游有滑雪旅游、高尔夫球旅游、漂流旅游、海滨滑水旅游、冲浪旅游、蹦极旅游、汽车拉力旅游、定向运动旅游等，保健旅游主要有健身旅游、温泉旅游、疗养旅游、森林旅游、湖泊旅游、山地旅游、花卉旅游、鸟兽旅游等。康体旅游者的康体动机突出，对旅游目的地的康体设施、康体器材、康体场地、康体环境等有独特要求。

9. 探险旅游产品

探险旅游产品即指满足旅游者标新立异、寻求特别兴奋或惊心动魄需求的旅游产品。主要有秘境旅游、海底旅游、火山旅游、沙漠旅游、极地旅游、惊险游艺旅游、斗兽旅游、观看古怪比赛旅游、航行宇宙旅游等多种形式。其特点为旅游目的地非同寻常，旅游活动中的旅游者处于高度紧张和兴奋状态，能充分满足旅游者的好奇心，使旅游者留下难忘的记忆等，极具发展潜力。

10. 乡村旅游产品

乡村旅游产品是一种回归大自然——乡村开展旅游活动的产品。随着旅游环境的改善，乡村旅游将成为21世纪一大特色旅游而备受城镇居民的青睐。在返归自然的驱动下，城镇居民也纷纷奔赴农村，吃农家饭，住农家屋，观赏并参与农作物耕作、土特产品制作、花果采摘，以及垂钓、骑马、划船、狩猎等。这种调个环境、换个方式生活的"回归游"，在大城市已经演绎成一种新时尚。

11. 红色旅游产品

红色旅游产品是指对中国共产党成立以后，新中国成立以前，包括红军长征时期、抗日战争时期、解放战争时期等重要革命纪念地、纪念物及其所承载的革命精神，组织接待旅游者进行参观游览、学习革命历史知识，接受革命传统教育，振奋精神，放松身心、增加阅历、独具中国特色的旅游产品。如：延安、上海"一大"会址、嘉兴南湖、井冈山、百色、大别山等为我国知名旅游目的地和红色旅游胜地。目前，特别是在学生寒暑假期间持续升温。改革开放以来，我国各级党政机关高度重视红色旅游资源的开发，将其与爱国主义、革命传统教育、革命老区脱贫致富、西部大开发等密切结合起来，促进红色旅游形成热潮。现在红色旅游面临着前所未有的机遇，红色旅游的发展呈星火燎原之势。

12. 生态旅游产品

生态旅游产品是一种在生态学和可持续发展理论的指导下，依赖生态系统，以生态旅游资源和生态景观为主要对象，对旅游者具有生态环境教育功能，强调当地居民、管理者、从业人员和游客共同参与的、共同取得利益的，追求社会、经济、环境有机结合和协调发展的，强调社会效益、经济效益、环境效益并举的、可持续性的现代旅游形式。生态旅游注重人与自然的和谐相处，达到"天人合一"的境界。因此，可持续性是生态旅游的一个十分突出的特点。

（三）根据旅游产品的销售方式分类

1. 团体包价旅游产品

团体包价旅游产品即指旅行社根据旅游市场需求，把若干旅游者组成一个旅游团体，按照统一价格、统一行程、统一内容所进行的旅游活动。团体包价旅游通常是把旅游者的食、住、行、游、购、娱等全部包下来，组合成旅游线路产品，但也可以只包其中的某些部分。旅行社一旦销售出团体包价旅游产品后，就必须配备领队和导游，并负责安排好旅游者在旅游过程中的食、住、行、游、购、娱等一切活动及全程安全保险等。

购买这种旅游产品的好处是由于旅行线路、住宿、交通工具等都由旅行团安排妥当，旅游者比较省心。在交通、住宿、景点门票等方面可以得到优惠的价格，旅行费用相对经济，行程方便，也比较安全。不足之处是景点线路化造成游客不能自由选择停留时间，在短期内游览项目过多，易造成疲劳。旅游者的活动受到一定的限制，不可能充分地经历和感受旅游产品的特色和内涵。

2. 散客包价旅游产品

散客包价旅游产品即指旅游者不参加旅游团体，而是以一个人或一家人向旅行社购买某一旅游产品的包价旅游活动。

购买这种旅游产品的好处是一般没有较多的约束而比较自由，旅游活动的行程安排也可以根据旅游者的需求而灵活变更，因此受到旅游者的广泛欢迎，在国际国内旅游市场上发展很快，也是现代旅游产品发展的重要趋势。不足之处是一般不能更多地享受团体包价旅游的优惠，因而其价格通常高于团体包价旅游产品；同时一般也有相对固定的游览线路、景区景点、住宿和餐饮设施，因此仍然不能充分满足旅游者的旅游需求。

3. 自助旅游产品

自助旅游产品即指旅游者不通过旅行社组织，而是自己直接向航空公司、车船公司、旅游饭店、旅游景区景点预订或购买单项旅游产品，按照个人需求及偏好所进行的旅游活动。由于自助旅游一般不通过旅行社，通常不归为旅行社的旅游产品。但是，由于其购买的仍然是单项旅游产品，是由自己组合的旅游线路产品，所以从本质上看仍然是一种旅游产品。

购买这种旅游产品的好处是自由、选择多、没有任何约束、轻松自在。不足之处是在旅途中，所有的事情都要自行安排，比较操心；由于是一个人或几个人结伴而行，很少能享受到团队优惠，花费较多；安全性也不如团队出行。随着经济全球化发展、现代信息技术和国际互联网的迅速普及，以及世界各国加快对外开放的步伐，为自助旅游提供了极为方便有利的条件，因此自助旅游产品越来越成为人们青睐的新兴旅游产品，并展现出良好的发展态势和潜力。

4. 分时度假旅游产品

分时度假旅游产品即指由分时度假经营商向分时度假会员销售的旅游产品。购买这种旅游产品的好处是由于住宿提前解决，可根据自己的喜好选择度假地，不必赶场般地从一个景点到另一个景点，平摊下来，价格比同等条件的酒店宾馆便宜，酒店有很多优惠项目，交换公司也有精选佳期，所以比较省心、选择自由、轻松、相对经济，也比较安全。花今日的钱，买明日的享受。不足之处是需要提前支付几十年的旅行住宿费用，一次性投入较大，存在一定的风险。

三、旅游产品的构成

旅游产品丰富的内容，不仅包括有形的物质产品，也包括无形的服务；不仅包括劳动产品，也包括非社会劳动的自然创造物。其主要构成可以从四个角度进行分析。

（一）按旅游者需要程度划分

旅游产品是由基本旅游产品和非基本旅游产品构成。

1. 基本旅游产品

基本旅游产品即指旅游者在旅游活动中必需的而且需求弹性较小的旅游产品，如旅游饮食、旅游住宿、旅游交通、旅游游览等。其中饮食、住宿是向旅游者提供生活和设施条件，交通是向旅游者提供实现旅游活动的手段，游览是向旅游者提供旅游活动的中心内容。

2. 非基本旅游产品

非基本旅游产品是指旅游者在旅游活动中并非必需的而且需求弹性较大

的旅游产品，如旅游购物、旅游娱乐、旅游保险、旅游医疗保健、旅游通信、旅游美容等。其中旅游购物是向旅游者提供辅助性消费的内容和形式，是旅游消费弹性最大的环节，主要通过适销对路的旅游购物品来提高旅游消费水平。

基本旅游产品和非基本旅游产品的划分，有助于旅游目的地国家或地区的旅游经营者针对不同的旅游市场，提供不同内容的旅游产品，使旅游产品更好地满足旅游者的需求。同时，也有助于旅游者在选择和消费旅游产品的过程中，有计划地调整自己的消费结构和档次水平，使旅游活动更轻松舒适，以达到有益于身心的目的。

（二）按旅游者消费形式划分

旅游产品是由旅游餐饮、旅游住宿、旅游交通、旅游游览、旅游娱乐、旅游购物等构成。

旅游餐饮是通过向旅游者提供餐饮、补充旅游途中体力消耗所需的营养及水分，满足生理上的物质需要，也可进一步品味领略异国、异地的饮食文化及风土人情，获得精神文化方面的享受。

旅游住宿是旅游饭店、旅游酒店、旅游旅馆等提供的住宿床位和相应的服务。

旅游交通是利用交通工具为旅游者由定居地到目的地的往返提供服务的手段。

旅游游览是旅游活动的核心内容和主要目的。

旅游娱乐是为旅游者提供愉悦活动，使旅游过程更具有趣味性。

旅游购物是旅游者到达旅游目的地购买的一些旅游纪念品、工艺美术品、土特产品以及生活用品等。

（三）按旅游产品的内涵划分

旅游产品是由旅游吸引物、旅游设施、旅游服务、旅游可进入性构成。

1. 旅游吸引物

旅游吸引物是指一切能够吸引旅游者的旅游资源及条件，是旅游活动中的客体。它既是一个地区能否进行旅游开发的先决条件和旅游者选择目的地的决定因素，也是构成旅游产品的基本要素。旅游吸引物的存在形式，既可以是物质实体，也可能是某个事件，还可能是一种现象。按旅游吸引物的属性可划分为自然吸引物、人文吸引物和纪念吸引物。

自然吸引物原是大自然的产物，包括地貌旅游资源（如岩溶、火山、海岸等）、水文旅游资源（如江河湖海、飞流急瀑、汩汩泉水等）、气象与气候旅游资源（如雨景、冰雪景、云雾景、霞景、风景、宝光景、蜃景、雾凇景、雨凇景等）及动植物旅游资源等。

人文吸引物是整个人类生产、生活活动的艺术成就与文化的结晶，是人类对自身发展过程的科学的、历史的、艺术的概括。包括文物古迹、园林建筑、雕塑壁画、文化艺术、城市风光、现代风貌、社会制度、风土人情、传统生活方式等。

纪念吸引物用以纪念旅游者旅游经历的物品，是旅游产品的重要组成部分，对提高一国或地区旅游业发展水平与质量有重要意义。具体包括旅游纪念品、文物古玩及其仿制品、土特产品、工艺美术品、旅游日用品等。

此外，按旅游吸引物的开发程度可划分为早期开发物、近期开发物、正在开发物、尚未开发物。按旅游吸引物吸引力大小可划分为热点吸引物、温点吸引物和冷点吸引物。

2. 旅游设施

旅游设施是完成旅游活动所必需具备的设施、设备和相关的物质条件，是旅游者到达旅游目的地和旅游业取得效益的基本条件，也是构成旅游产品的必备要素。如果旅游设施不配套则会影响或阻碍旅游者对旅游吸引物的追寻。旅游设施一般分为专门设施和基础设施两类。

专门设施是指旅游经营者用于直接服务于旅游者的凭借物，通常包括饮食设施、交通设施、住宿设施、游览设施、娱乐设施、购物设施等。

基础设施是旅游业乃至旅游目的地赖以生存和发展的基础。包括通信、道路、桥梁、供电、供热、供水、消防、环境保护、环境卫生，以及街区美化、绿化、路标、路灯、停车场等。虽然这些设施是为旅游目的地居民生产生活需要所提供的，并不是直接对旅游者提供服务，但在旅游经营中它是直接向旅游者提供服务的旅游部门和企业必不可少的。上述专门设施都是建立在这些基础设施之上的，否则专门设施的功能就不能有效地发挥出来。

3. 旅游服务

旅游服务是以劳务形式或无形形态表现的旅游产品，是旅游产品不可缺少的组成部分。

旅游服务按经营阶段划分可分为售前服务、售中服务和售后服务。售前服务是旅游活动准备性的服务，包括旅游咨询、办理入境手续、货币兑换及保险服务等。售中服务是在旅游活动中向旅游者直接提供的如餐饮服务、住宿服务、交通服务、游览服务、购物服务、娱乐服务等。售后服务是当旅游者结束旅游后离开目的地时的服务，包括办理出境手续、送到机场车站、托运行李、旅客委托代办服务、旅游者到家后的跟踪服务等。

旅游服务包含服务观念、服务技术和服务态度。服务观念是服务的思想意识，是从事服务工作的前提。服务技术是服务的技能、技艺、技巧、经验、知识等，是从事服务工作的基础。高超而娴熟的服务技术是一种表演艺术，会使表演者和欣赏者都获得美的享受。服务态度是服务者的举止神情，对事物采取的立场或看法，是服务工作的外在集中表现，是旅游者关注的焦点。

4. 旅游可进入性

旅游可进入性不仅是连接旅游产品各组成部分的中心线索，而且是旅游产品能够组合起来的前提性条件，具体表现为进入旅游目的地的难易程度和时效标准。其具体内容包括交通的通达条件、通信的方便条件、手续的繁简程度和当地社会的承受能力。

交通的通达条件包括对外交通工具的种类，对外交通的联结与方便程度，区内地方交通的种类、数量、能力、布局，区外交通和区内资源的连接情况等。通信的方便条件包括通信设施具备与否、配套状况、规模、能力以及线路的布置等。

手续的繁简程度包括出入境签证手续的难易、出入境验关程序、服务效率和频率、咨询信息等。

当地社会的承受能力包括当地社会公众对旅游开发的态度、社会公众舆论、社会治安状况、社会管理水平、人口密度、交通管理等。

旅游可进入性越强说明旅游时间比也就越合理，越能激发人们做出前往该地旅游的决定。

（四）按旅游市场营销理论划分

旅游产品是由核心部分、外形部分和延伸部分所组成的。

核心部分是指旅游吸引物、旅游设施、旅游服务、可进入性等，能满足旅游者从事旅游活动最基本的需要，是整个旅游产品的基本部分。

外形部分是指旅游产品的质量、特色、风格、声誉及组合方式等，是旅游产品特质向生理或心理效应转化的部分，属于旅游产品向市场提供实体的外观和款式。

延伸部分是指提供给旅游者的优惠条件、付款条件及旅游产品的推销方式等，是旅游者购买旅游产品时所得到的附加利益的总和。

旅游者在旅游过程中购买的是整体旅游产品，在旅游产品的核心部分的基本功能确定之后，产品的外形部分和延伸部分诸因素决定了旅游者对旅游

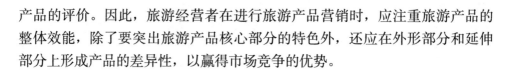

产品的评价。因此，旅游经营者在进行旅游产品营销时，应注重旅游产品的整体效能，除了要突出旅游产品核心部分的特色外，还应在外形部分和延伸部分上形成产品的差异性，以赢得市场竞争的优势。

四、旅游产品的特性

与一般产品相比较，旅游产品具有如下主要特征。

（一）两重性

由于旅游经济活动的运转过程是旅游产品的交换过程，因此用来交换的旅游产品也是一种商品，也具有商品的两重性，即使用价值与价值。

旅游产品的使用价值表现在能满足旅游者旅游活动中的各种需要的效用。旅游产品中的食、住、行、游、娱、购等部分，既有满足旅游者生理需要的部分，又有满足各种各样心理与精神上的需要的部分。由于旅游者对旅游产品的消费（尤其是国际旅游产品的消费）是一种奢侈消费，因此，旅游产品的使用价值在满足旅游活动者基本的物质需要之后，更多地表现为满足人们的精神需要。如旅游者通过旅游产品的消费，增长知识，陶冶情操，调节生活，愉悦心情，增进友谊，提高社会地位，排解相思之情，锻炼神气、磨炼意志，满足求知、求新、求乐的愿望。

旅游产品的价值与一般商品一样，是指凝结在旅游产品中的一般的无差别的人类劳动，是人类脑力、体力支出的结果。由于创造旅游产品使用价值的具体劳动各不相同，因而不能相互比较，只有撇开劳动的具体特点化为抽象的、无差别的人类劳动，并形成价值，才能相互比较。抽象劳动不在于凝结成什么形态，而是在于一般人类劳动的消耗。因此，旅游产品是通过旅游从业人员的劳动生产出来的，是旅游业员工抽象劳动的消耗。旅游产品的价值由两部分组成：一是转移价值，是物化劳动价值，即提供旅游产品时所消耗的原材料的价值、旅游设施与设备的折旧；二是新增价值，是活劳动价值，包括旅游从业人员的工资与福利，是维持劳动力再生产所必需的消费资料部分；以及提供旅游产品的劳动者在必要劳动之外创造的剩余价值部分，即利润与税收部分。

需要指出的是旅游产品的价值衡量具有特殊性。如旅游吸引物是旅游者决定流向的主要依据，是旅游产品的重要内容。旅游吸引物的种类繁多，在价值量上计算也差异较大。

自然吸引物，如阳光、气候、海水、名山大川等属于自然生成物，不包括任何人类劳动消耗的成分，但这些自然物却是旅游产品不可缺少的自然基础，是整个旅游产品不可缺少的载体，其价值无法估量。

人文吸引物中的历史遗产、文物古迹、建筑物等，是前人劳动的结晶，历代人们的维修保养也付出了大量劳动，所以其价值难以估量。更重要的是这些吸引物具有无法替代的历史价值，这种价值不能以劳动量消耗的多少来衡量，其价格具有垄断性。人文吸引物中的社会制度、风土人情、传统生活方式等社会现象是经过漫长的历史演进积累而成的，其中蕴藏着人类的智慧与创造，是人类脑力与体力劳动的结晶，并具有无法模拟的独特性，也具有不可替代的社会价值和历史价值，在价格上同样表现为垄断性。

旅游服务产品价值量的确定与服务质量关系密切。服务质量包括服务方式、服务效率、服务态度。这些方面的差异性会产生不同的服务效果。高质量的服务所体现的旅游服务产品价值量大，低质量的服务产品价值量较小。服务质量的优劣虽然与投入劳动量的多少有一定关系，但重要的是与从业人员的文化素质、性格修养、职业道德水平的影响密切相关。只有提供高质量的服务，才能保证旅游产品的价值的实现。

还需要指出的是在旅游卫星账户框架中，旅游商品是指有相当部分需求来自旅游的货物或服务。加拿大卫星账户所采取的下限是20%。在加拿大，之所以将餐馆中的饮食服务视为一种旅游商品的一个重要原因，就是全年餐馆总收入水平的约20%来自游客。在不同国家中，被视为旅游商品的商品范围大不相同。例如手工艺品不在加拿大旅游商品的范围之列。因为加拿大人一般在惯常环境中购买这些物品。然而在墨西哥，大部分的工艺品销售是面向旅游者的，因此，这些商品被列入旅游商品的范围。

更确切地说，旅游商品应当是那些由旅游者在旅行过程中直接购买的商品，这些商品也可以由他人代为购买，如旅行社或旅游批发商等。还要包括旅游前后所做的与旅游相关的购买。如在旅游前购买胶卷、食物、旅游所用的交通客票；在旅游结束时，冲洗胶卷或干洗旅游所用衣物之类的花费，也都应纳入旅游花费之中。

（二）综合性

旅游产品是组合性产品。因为旅游产品是由各种有形物质产品与无形服务综合而成的。不仅包括劳动产品，而且包括非劳动的纯自然、纯社会因素；不仅有物质成分，而且又有精神成分。具有多种使用价值和功能，能够满足旅游者多种多样的旅游需求。

旅游产品是由众多的行业部门生产出来的，既包括直接生产旅游产品的部门，如旅游餐饮业、旅游住宿业、旅游交通业、旅游游览业、旅游购物业、旅游娱乐业、旅行社业等，又包括间接为旅游者提供产品与服务的其他行业部门，如农业、工业、建筑业、商业、邮电、金融、文化、教育、科技、海关、园林、卫生、公安等。

旅游产品中的各构成要素在经营中往往是分散的，而旅游者一次旅游活动的需要却是整体的。因此，就旅游者而言，旅游产品的各个组成要素只有有机地结合起来，才能创造出合乎旅游者需要的使用价值。尤其在包价旅游中，旅游产品的综合性更明显、更典型。散客旅游虽然是采取零星购买方式，但每次单项购买都是一次旅游活动中所需旅游产品的一部分，各次购买的总和即为旅游者整个旅游活动中所需要的旅游产品。

（三）不可转移性

旅游者购买旅游产品（除旅游购物外），具有空间上与所有权上的不可转移性。在空间上的不可转移性主要表现为旅游服务所凭借的吸引物和旅游设施是无法从旅游目的地运输到客源地进行消费的。只有依靠旅游者的流动，旅游产品才能到达消费者手中。在所有权上的不可转移性体现在两个方面：其一，对于旅游产品的无形部分，旅游者不仅要付出一定的货币，而且要付出一定的时间和精力，所获得的并不是具体的实物，而是一次旅游经历、一次体验感受、一次旅游活动记忆，一种享受的权利。其二，对于旅游产品的有形部分（除旅游购物外），如各种旅游设施、设备、风景名胜等，只有暂时的享用权，而没有所有权。

（四）敏感性

旅游产品的敏感性是指由于影响旅游产品众多因素中的任何一个因素的变化都会影响旅游产品的生产和销售的特性。影响旅游产品的因素主要包括四方面。

1.季节

首先，由于旅游资源因气候不同而引起观赏价值的差异导致旅游者的需求随季节波动。如我国冬季，尤其是北方地区，天寒地冻，不利于开展户外旅游活动，夏季酷热季节会对旅游活动产生一定的影响，为旅游淡季；但在春秋季节，春暖花开，绿树成荫，秋高气爽，景色宜人，往往会形成旅游旺季。其次，旅游者的余暇时间一年内分布不均，形成季节波动。节假日、周末假日期间，人们纷纷外出度假，形成旅游旺季，而其他时间除了退休人员与公务人员旅游外，一般人无暇外出，形成淡季。因此，旅游产品的生产与销售具有季节性。

2. 旅游者

由于旅游产品的生产与销售以旅游者的购买为前提，而旅游者的购买又受闲暇时间、兴趣、爱好、文化水平、消费时尚等因素的影响，因而使旅游者的需求不稳定，难以控制，从而影响到旅游产品的生产与销售。

3. 旅游产品要素

由于旅游产品是食、住、行、游、娱、购等构成的组合产品，各部分之间应比例合理、协调发展，否则任何一个成分出现问题，都会影响到整个旅游产品的生产与销售。

4. 宏观环境

诸如社会政治、经济、自然因素等，是旅游企业乃至旅游业难以控制的因素，对旅游产品的生产与销售带来极大的影响，有时甚至是灾难性的打击。如社会政治因素中的国际间政治关系的恶化、旅游地社会政局动荡、社会暴力恐怖活动猖獗、战争爆发等，经济因素中的汇率变化、经济危机等，自然因素中的疫病流行、自然灾害的发生等，这一切都在不同程度上导致旅游产品销售的易波动性。此外，其他与旅游业有关的行业如轻工业、商业、建筑装潢业等也对旅游产品的生产与销售产生一定的影响。但需要特别指出的是旅游产品虽然具有敏感性，但并不具有脆弱性。

（五）双形性

即指旅游产品兼有有形性与无形性的特征。这可以通过对旅游产品构成分析得出结论。

1. 四部分组成说

对于旅游产品的构成，若按照内涵划分，可分为旅游资源、旅游设施、旅游服务、旅游可进入性等。

旅游资源中的名山、湖泊、海洋、瀑布、生物、历史古迹、革命纪念地、人工游乐场等大多数资源都具备一定的物质实体，看得见、摸得着，无形的服务必须以这些有形的物质实体为载体。当然，风土人情、风俗习惯等无形资源毕竟是少数。

旅游设施中的专门设施如餐饮设施、住宿设施、交通设施、游览设施、购物设施、娱乐设施等以及基础设施如供水供电、邮电通信、安全卫生、城市环境等都是发展旅游的"硬件",毋庸置疑,大多是有形的实体。

旅游服务是以有形物质产品、自然物和社会现象为载体,是实现旅游产品价值和使用价值的手段。虽然旅游服务是蕴藏在服务人员身上的一种无形能力的发挥,但它同样具有有形的成分。因为旅游服务人员的服务并不是凭空提供给旅游者的,需要凭借有形的旅游设施为旅游者提供服务。

旅游可进入性集中反映了交通工具和目的地交通基础设施条件的优劣,不可忽视的是它同样也会受到政府政策和经营方面等无形因素的影响,如简化出入境手续,提高服务效率等都可以在一定程度上增加景区景点的可进入性。

由此可见,旅游产品并不等同于旅游服务,旅游服务仅是旅游产品的一个组成部分。旅游产品不仅包括无形因素,也包括有形因素,具有双形性。

2. 六部分组成说

借用科特勒对产品物质实体与服务的构成理论,可发现单项旅游产品实物与服务关系对比的比例系数分别为:旅游餐饮 6∶4、旅游住宿 4∶6、旅游交通 6∶4、游览观光 3∶7(其中导游 1∶9)、旅游娱乐 2∶8 和旅游购物 8∶2。显然,在单项旅游产品中,旅游住宿、游览观光(导游)、旅游娱乐三项旅游服务份额大于实物份额;相反,旅游餐饮、旅游交通、旅游购物三项旅游服务份额小于实物份额。旅游服务可能是主要部分,也可能是小部分。旅游产品实体与服务缺一不可,当然旅游服务贯穿于旅游产品的各个组成部分,将整个旅游产品联结为统一的整体。

五、旅游产品的生命周期

(一)旅游产品的生命周期的定义

旅游产品的生命周期是指从旅游产品进入市场到最后撤出市场的全部过程,包括推出期、成长期、成熟期和衰退期四个阶段的周期性变化。通常一条旅游线路、一个旅游项目、一个旅游景点、一个旅游开发地等都存在生命周期的过程。旅游产品生命周期的各个阶段通常是以销售量或销售额和所获利润的变化来衡量的。同时,处于不同生命周期阶段的旅游产品也有着不同的特点。

(二)旅游产品的生命周期的特点

1. 旅游产品的推出期

又称介绍期、引入期、投入期。在推出期,旅游新产品正式推向旅游市场，具体表现为新的旅游景点、旅游饭店、旅游娱乐设施建成，新的旅游线路开通，新的旅游项目、旅游服务的推出等。旅游企业接待量很少，投入费用较大，经营单位成本较高。企业为了使消费者了解和认识产品，需要做大量的广告和促销工作，产品的销售费用较大。企业也通常采取试销态度，因而企业往往销售水平低，销售量增长缓慢而无规律，利润极小，甚至亏损。但处于这个阶段，市场上一般还没有同行竞争，旅游企业面临的竞争压力较小。旅游者的购买很多是实验性的，几乎没有重复购买。产品尚未被旅游者了解和接受。

2. 旅游产品的成长期

在成长期，旅游景点、旅游地开发初具规模，旅游设施、旅游服务逐步配套，旅游产品基本定型并形成一定的特色，前期宣传促销开始体现效果。旅游企业的旅游产品在市场上拥有一定的知名度。企业的广告费用相对减少，销售成本大幅度下降，产品销售量迅速增长，利润迅速上升。其他旅游企业看到产品销售很好，就有可能组合相同的产品进入，市场上开始出现竞争。旅游者对产品有所熟悉，越来越多的人试验使用这一产品，重复购买的选用者也逐步增多。

3. 旅游产品的成熟期

在成熟期，达到旅游产品的最为辉煌的阶段，旅游产品的市场需求量已达到饱和状态。旅游企业前期销售量可能继续增加，中期处于不增不减的平稳状态，后期的销售量增长率趋于零，甚至会出现负增长。利润增长也将达到最高点，并有逐渐下降的趋势。很多同类旅游产品和仿制品都已进入市场，市场竞争十分激烈，而且还有来自更新产品的替代性竞争，差异化成为竞争的核心。旅游者对旅游产品的选择范围扩大，潜在顾客逐步减少，大多属于重复购买的市场。

4. 旅游产品的衰退期

在衰退期，旅游产品处于更新换代阶段，新的旅游产品已进入市场，正在逐渐代替老产品。在旅游企业原来的旅游产品中，除少数名牌产品外，市场销售量日益下降，利润迅速减少，甚至出现亏损。市场竞争突出地表现为价格竞争，价格被迫不断下跌。旅游者或是丧失了对老产品的兴趣，或由新产品的兴趣所取代。

上述对旅游产品生命周期的规律性分析具有重要的理论与现实意义。它表明任何旅游产品都有一个有限的生命，大部分旅游产品都经历一个类似 S 形的生命周期；每个旅游产品生命周期阶段的时间长短不尽相同，利润高低也不同。因此，旅游企业对处于不同生命周期阶段的旅游产品，需要采用不同的营销组合策略，针对市场需求及时进行旅游产品的更新换代，适时撤退或改造过时的旅游产品以免遭受应有的损失。

（三）旅游产品的生命周期的变异

一般旅游产品都经历过上述四个阶段的生命周期，但也有很多的旅游产品会产生变异形态。常见的有以下三种变异形态。

1. 一时风尚型

一时风尚型旅游产品的生命周期只有两个阶段，一个是快速增长阶段，另一个是显著暴跌阶段。时尚旅游产品的特点表现为常常随着产品推出前的大量宣传而到来，因此生命周期中没有明显的缓慢增长的推出阶段，往往一开始就出现高速的增长，接着就很快过时，销售量下降，进入衰退期。在时尚旅游产品的目标市场中，整个市场的选择同时在产品推出后的短时期发生。传播媒介可能愿意用大量的时间或空间加以宣传时尚旅游产品。如漂流旅游等。

2. 无限延伸型

无限延伸型旅游产品的推出期和成长期较短，成熟期较长，并无限延伸，几乎无衰退期。这种旅游产品被高度重复购买，造成一个稳定的销售额。最后可能会在市场的全部购买中找到一个持久销售的地位。通常有三种无限延伸型旅游产品。

第一种为风行旅游产品，即指那些在市场上影响广泛且吸引力较大的旅游产品。如中国的长城风行于市场而经久不衰。因为万里长城是中国的象征，是中华民族精神的物化，是中国旅游业的第一品牌。50 年来，万里长城接待了数以万计的海内外旅游者，400 多名国家元首业已登临，已经成为人们最青睐的旅游线路，它无愧于中国旅游业的第一品牌。

第二种为多效用或多功能的旅游产品，即指那些具有多种用途而能满足多方面或多层次需求的旅游产品。如旅游饭店等，就具有持久的重复购买率。

第三种为大众旅游产品，即指那些为人们经常使用的旅游产品。如观光旅游和度假旅游等。

3. 起死回生型

起死回生型旅游产品经过典型的投入期、成长期、成熟期，进入衰退期后，旅游企业采取各种促销策略，开发配套新产品、新功能，使该旅游产品进入又一轮循环，呈现出新的生机。

（四）延长旅游产品的生命周期的经营策略

由于旅游产品存在着生命周期，因此旅游企业通过对产品生命周期客观规律的认识，运用各种经营策略，延长旅游产品的成熟期，使企业获得最佳效益。延长旅游产品生命周期的策略概括起来有以下四种。

1. 旅游产品改进策略

旅游产品改进策略是通过对成熟期的旅游产品做某些改进以吸引新老旅游者。

首先，改进服务。将标准化服务与个性化服务相结合，提高服务的档次和水平，形成良好的口碑，不仅能使老游客流连忘返，而且能吸引新旅客。

其次，改进设施。增添其他旅游目的地没有的独特功能，刺激一个新的需求热点，从而使旅游产品的成熟阶段得以延长。

再次，改进款式。满足不同审美标准、文化背景游客的需求，从而赢得更多的消费者的青睐。

最后，改进质量。根据旅游者的反馈信息，对旅游产品的整体质量加以改进，维护老顾客，吸引新顾客。

2. 旅游市场开拓策略

旅游市场开拓策略就是成熟期的旅游产品寻找新的顾客，开发新的市场。具体做法有两种。

第一种是开发新细分市场。发展原有旅游产品的新用途以寻求新的细分市场。如某度假区在原接待度假游客基础上，开辟康体、娱乐旅游项目，使其具备新的功能作用而吸引了更多的喜爱运动和愉悦的旅游者。

第二种是开辟新市场。如中国的重点观光旅游产品在欧美主要传统市场上已无大潜力，保持这一产品生命力的一个有效途径就是为观光旅游产品寻找新的市场，通过开发新加坡、马来西亚、泰国、韩国等市场，使中国观光旅游再度掀起新潮。

3. 旅游市场营销组合策略

旅游市场营销组合策略是对产品、促销、流通渠道和定价这四个因素的组合加以合理的改进和重组，以刺激销售量的回升。如提供更多的服务项目、优惠促销、增加不同媒体的广告，改变分销渠道，增加直销，在价格上加以调整，以刺激、吸引更多的旅游者，扩大重游率，争取竞争对手的游客。

4. 旅游产品升级换代策略

延长旅游产品生命周期的一项根本途径就是使产品根据市场上不断涌现

出的新需求，不断地实现旅游产品的升级换代。如对于旅游度假产品来说，当第一代度假产品，即以城市为中心的旅游度假产品进入成长期后，就有第二代度假产品，即以城郊为热点的度假产品逐步进入推出期。这样第一代度假产品进入成熟期后，第二代度假产品就进入成长期。随后第三代度假产品，即以全国乃至世界为中心的分时度假产品进入推出期，以此类推，使度假产品的生命周期得以延长。

第三节　旅游业

一、旅游业的界定

综观国内外有关旅游业的定义，主要有以下三大类。

（一）旅游业的消费性定义

强调旅游需求的角度，即旅游活动的主体特征是旅游者的消费，这种消费既包括物质消费，也包括精神消费，因而旅游业的消费性定义都是从旅游者消费物质产品和服务的角度进行定义的。旅游业产出数据通常就是运用旅游消费者的抽样调查资料进行推算的。

（二）旅游业的功能性定义

强调从旅游供给角度，即按照向旅游者提供实物产品和服务产品的程度来定义旅游业，并界定其内涵和外延。这是旅游卫星账户采用的定义。由此可以区分出完全旅游业和部分旅游业。

（三）旅游业的组合性定义

强调从旅游供需角度，即旅游业是在市场上为旅游者提供各种有形物质产品与无形服务的旅游企业的总和。它主要包括旅行社业、旅游餐饮业、旅游住宿业、旅游交通业、旅游游览（观赏）业、旅游娱乐业、旅游购物业等。除了旅行社业外，其他各部分都是国民经济中有关行业的一部分。它们在满足旅游活动需求这一共同目标下组合起来，为旅游者的旅游活动提供旅游产品，以满足食、住、行、游、娱、购等需求，在旅游经济活动中起旅游供给的作用。

这一定义不仅从供给角度明确了旅游业提供产品的特征为旅游活动中所

需要的各种物质产品和服务的总和以及主要涉及的行业，而且从需求角度明确了旅游业的共同目标就是满足旅游者的消费需求，此外还强调了市场这一空间条件。

事实上，目前的旅游业统计，还只能是从旅游需求方即境内外旅游者的消费角度，通过定期抽样调查等方法来测算旅游经济的货币指标和非货币指标。而国民经济核算体系则主要是从供给方来核算一个产业的产出水平。两者核算方式不同，既造成旅游业需求数据与供给数据之间的脱节，也造成了旅游行业统计数据与其他行业统计数据的脱节，以至于到现在，我国旅游业总收入或旅游增加值在 GDP 中的比重还只能用"相当于"来表述。这样一种模糊的表达对于已经成为旅游大国的中国来说是不相适应的，对于已经成为国民经济新的增长点和许多地区支柱产业的旅游业来说也是很不相适应的。我国旅游统计工作中存在的这个问题在世界各个国家也都存在过。自 20 世纪 70 年代以来，许多国家都在研究破解这个难题的途径方面做出过探索。1994年，加拿大公布了世界上第一个国家级旅游卫星账户体系。2000 年，世界旅游组织在总结有关国家建立旅游卫星账户制度的做法和经验的基础上，向联合国提交了《旅游卫星账户建议的方法框架》获得了联合国统计委员会的批准，从而使这项宏观统计方法制度成为国际通行的制度，在世界范围内受到了前所未有的重视。旅游卫星账户为国民账户体系增加了一个旅游维度。更确切地说，是创建了一个"具有统计意义"的旅游产业。这个产业可以使用与其他严格意义上的产业具有可比性的方法加以测量，即用国民账户体系的方法进行测量。

二、旅游业的构成

从国内外有关文献的归纳比较看，旅游业的构成可概括为以下三类。

（一）部门组成说

按照从事旅游服务不同部门的特点，将旅游业划分为五大部门。

1. 食宿接待部门

食宿接待部门包括各类饭店、宾馆、度假村、野营地、公寓别墅、乡村出租房、会展中心等。

2. 交通运输部门

交通运输部门包括航空公司、铁路公司、轮船公司、长途汽车、公共汽车公司等。

3. 旅游点经营部门

旅游点经营部门包括自然历史遗产游览点、国家公园、野生动物园、博物馆等。

4. 旅游业务部门

旅游业务部门包括旅游经营商、旅游批发商、旅游零售与代理商、旅游会议组织商、旅游预订服务商、旅游经纪人等。

5. 旅游组织部门

旅游组织部门包括旅游目的地国家及各级政府旅游组织机构、非政府旅游组织等。

（二）类型组成说

按照向旅游者提供旅游产品的直接或间接的区别，将旅游业划分为三种组成类型。

1. 直接面向旅游者并为其提供各种物质产品和服务的行业

主要包括饭店、餐馆、航空公司、汽车公司、铁路公司、旅游景点、零售商店、旅行社等。

2. 间接面向旅游者但支持为旅游者提供服务的行业

主要包括食品供应商、洗衣业、旅游出版商、旅游商品制造者等。

3. 间接影响旅游者而直接对前两类企业产生影响的旅游规划和开发机构

包括政府机构、金融部门、规划设计单位、房地产开发商、教育与培训单位等。

（三）功能程度组成说

按照向旅游者提供旅游产品的功能的程度划分旅游业的组成为两类。

1. 全部旅游行业

即指完全向旅游者提供旅游产品的部门，主要为旅行社业、旅游公司等。

2. 部分旅游行业

即指部分向旅游者提供产品的行业和部门，主要有餐饮业、住宿业、交通运输业、游览业、娱乐业、购物业等。

例如：住宿业是部分旅游行业，原因在于绝大部分住宿业客房都销售给了旅游者，为旅游者提供暂时性的过夜住宿服务，但也有可能为非旅游者提供住宿服务。

又如：购物业的商品既可以销售给当地居民，又可以销售给旅游者，所以也属于部分旅游行业。

（四）行业组成说

按照提供旅游产品分工的不同，将旅游业划分为如下主要六大行业。

1. 旅行社业

旅行社业是指为旅游者代办出境、入境和签证手续，招徕旅游者，为旅游者安排食宿等有偿服务的经营活动，是沟通旅游产品生产者与消费者的重要流通环节，是通过提供中间商服务获取收益的行业。

我国的旅行社业根据经营范围平行分为国际旅行社业和国内旅行社业两类。国际旅行社业具有经营出入境旅游业务和国内旅游业务的资格。而国内旅行社只能经营国内旅游业务。

国外旅行社业按照经营范围垂直分为旅游经营商、旅游批发商和旅游零售商三种类型。

旅游经营商主要从事旅游商品的生产和销售活动。从饭店和交通企业等旅游服务的生产者那里购买单项旅游产品（商品），然后把它们组合成包价旅游商品，出售给旅游批发商、零售商或直接卖给旅游者。

旅游批发商是以从事旅游商品的批发业务为主，兼有旅游商品生产活动的旅行社。它与旅游经营商的区别在于旅游经营商除生产和销售旅游商品外，一般还要带团旅游，指导旅游者消费旅游商品，而旅游批发商则不必如此，而且有些批发商也不从事旅游商品的生产活动。

旅游零售商相当于旅游代理人，是指专门代售旅游商品，提供各种旅游代办服务的旅行社。一般是按旅游经营商规定的价格出售，为客人提供各种代办服务是不收取代办手续费的，其经济收入是从代办额中领取一定比例的佣金。

2. 旅游饭店业

旅游饭店业是指能够向旅游者提供膳食、住宿等实物和服务并收取费用的行业。

在我国分别有饭店、酒店、宾馆、度假村、度假山庄、度假俱乐部、旅馆、旅店、旅社、招待所等不同称谓。在英语里也有 Hotel（饭店）、Guesthouse（宾馆）、Motel（汽车旅馆）、Inn（酒馆兼供宿）、Lodge（小屋）、House（住宅）等名称。

近年来，瑞士旅游学家若译·塞伊对现代旅游饭店业的功能作了更为新颖的论述。他认为旅游饭店业应该是能很好地运用现代科技成果，为客人创造或提供另一种环境、另一种生活方式，让客人到饭店下榻后能得到松弛和幸福，得到愉快，有助于身心健康和事业成功。这就对饭店提出了更高的要求，使旅游饭店业服务质量追求的目标从"宾至如归"到"人间天堂"，成为人们紧张工作、学习之余极力追求的生活环境、生活方式。

旅游饭店业根据地点不同可分为城市中心酒店、近机场的郊区酒店、休养地度假酒店、高速公路沿线酒店等。按规模划分为大型酒店（客房数在600间以上）、中型酒店（客房数在300~600间之间）、小型酒店（客房数在300间以内）。按服务设施豪华程度划分为豪华酒店、较豪华酒店和经济型酒店。按星级制划分为五星级饭店、四星级饭店、三星级饭店、二星级饭店、一星级饭店。一般来说，五星级是豪华饭店或超豪华饭店，四星级是上档饭店，三星级为中档饭店，二星级为中低档饭店，一星级为低档或经济档饭店。

3. 旅游交通业

旅游交通业是整个交通运输的重要组成部分，是实现旅游者空间移动、增添旅行游览乐趣，丰富旅游经历的行业。该移动过程可能是旅游者从客源地到目的地或是从一个目的地到另一个目的地，也可能是旅游者在旅游景区内部的移动或从目的地返回其常驻地。

根据旅游交通线路和交通工具的不同，旅游交通业分为铁路交通业、公路交通业、水路交通业、航空交通业和特种交通业等类型。

4. 旅游观赏业

旅游观赏业是以向旅游者提供观赏型旅游产品来满足其游览观赏需求的行业。尽管旅行社业、旅游饭店业、旅游交通业被称为旅游业的三大支柱，但从逻辑上而言，三者只是人们外出旅游的必要条件，而旅游观赏则是人们外出旅游的基本目标，旅游观赏业的客观存在则是人们外出旅游的充分条件。因此，旅游观赏业在旅游业中处于关键性的地位。

旅游观赏业的产品主要有两种。一种为旅游风景区，包括山岳型、湖泊型、海滨型、矿泉型、瀑布型、河川型、森林型、文物古迹型等。另一种为旅游城市，包括古城型、都市型、综合型等。

5. 旅游娱乐业

旅游娱乐业是指向旅游者提供娱乐型产业以满足其在目的地娱乐需求的行业。旅游娱乐业所经营的主要是人工设计生产出来的、以设施形式展现在旅游者面前的产品。对这种产品的消费过程往往是旅游者和产品的各构成要素相结合的过程，是参与性极强的产品。

旅游娱乐业的产品按设施的空间位置可分为两类。一类为室内娱乐产品，包括各种形式的俱乐部、舞场、保龄球室、室内游泳池、文娱室和健身房等。另一类为室外娱乐产品，包括游乐园、靶场、高尔夫球场、海水浴场和滑雪场等。

6. 旅游购物业

旅游购物业是满足旅游者在旅游过程中购物需求的行业。随着人们收入水平的提高，在旅游消费结构中购物所占的比例越来越大，旅游购物业在旅游业中的作用也越来越重要。

旅游购物业的产品按特征不同可分为工艺美术品、文物及其仿制品、土特产品、生活用品等类型。

三、旅游业的特点

旅游业与其他行业相比具有其自身的特征。

（一）综合性

旅游业是一种综合性行业，这一特点是由旅游者的消费特点所决定的。旅游者的消费过程包括食、住、行、游、购、娱等多种需求，而这些需求需要多种不同类型的企业为其提供，这必然涉及国民经济中的多个行业，进行通力合作，以保证旅游者的整体需求得以满足，并赚取旅游收入。旅游业构成的复杂性和多样性也印证了旅游业的综合性。

（二）依托性

旅游业是一个具有高度依托性的产业，这主要表现在三个方面。

1. 对旅游资源的依托性

旅游资源是发展旅游业的客观基础，旅游资源的特色与丰度，在很大程度上影响到旅游业的发展。如果旅游资源不丰富，则意味着旅游业的发展先天不足。

2. 对经济发展的依托性

旅游业的发展依托于国民经济的发展。首先，国民经济的发展水平决定了人们可支配收入水平的高低及闲暇时间的长短，从而决定了旅游者的数量、消费水平和消费频率，决定了旅游需求水平。其次，国民经济的发展水平也决定了旅游供给水平，表现为旅游资源和旅游设施建设投入能力的提高。

3. 对相关行业的依托性

旅游业依托于各有关部门和行业的通力合作、协调发展。任何一个相关行业的脱节，都会影响到旅游经营活动的正常进行。

（三）关联性

旅游业是一个关联性较强的产业。由于旅游业是由多种行业构成的一个产业群体，具有综合性和依托性，这就决定了旅游业必然是高度关联的。这种关联性不仅涉及那些直接为旅游者提供产品和服务的行业，如旅行社业、旅游饭店业、旅游交通业、旅游观赏业、旅游娱乐业、旅游购物业等，也涉及间接为旅游者提供产品和服务的行业，如园林、纺织、外贸、邮电、保险、地产等。正由于旅游业的这种关联性必然带动相关产业的发展。

（四）涉外性

旅游业是一项涉及国与国之间的人际交往的产业，具有涉外性。当代的旅游是一种涉及跨国界的广泛的人际交往活动。就一国而言，既可以是旅游接待国，也可以是旅游客源国，由于各国的社会制度、社会文化、生活方式等诸方面都存在较大差异，发展国际旅游业具有较强的涉外色彩。

（五）敏感性

旅游业是一个非常敏感的、有弹性的、有恢复力的产业，社会各种因素的变化都会对旅游产生影响，且反应迅速。

首先，旅游需求具有较大的弹性，并受多种因素的影响，各种自然的、政治的、经济的和社会的因素有微小的变化都会导致旅游需求发生较大的波动，从而对旅游业产生影响。

其次，旅游业的高度依托性决定了旅游业必然是敏感的，因为旅游业高度依托于其他产业，各个产业的变化都会在旅游业上得到反映。

需要指出的是虽然旅游业具有敏感性，但并不具有脆弱性。"旅游脆弱论"的基本观点就是旅游业经不起风波，受外来冲击容易出现大的起伏和波动，需要格外"关照"和"保护"；具体体现为旅游消费的脆弱性和旅游行业的脆弱性，主要是旅游消费的易波动性和旅游企业抗风险能力低。但事实表明并非如此。例如，2003年中国旅游业虽然受到"非典"疫情的冲击，但中国旅游资源的巨大吸引力依然存在，旅游生产力的基本载体依然存在，主要客源国和中国公民的旅游需求与消费能力依然存在。"非典"疫情并没有从根本上损坏中国旅游业发展的市场基础和产业基础。经过危机洗礼，中国旅游业产业素质和抗风险能力得到进一步增强。一旦疫情得到有效控制和消除，中国旅游业必将焕发出更大的生机和活力。所以旅游业是一个"敏感的"产业，但绝对不是一个"脆弱的"产业。

四、旅游业作为新的经济增长点的优势

旅游业作为中国改革开放的一个缩影和窗口，获得了突飞猛进的发展，取得了令人瞩目的成就。在1998年12月召开的中央经济工作会议上，明确地把旅游业与信息业、房地产业共同作为新的经济增长点，使旅游业上下振奋，由此对旅游业作为新的经济增长点的研究成为学术界的热点。旅游业被冠之为中国的"永远不落的朝阳产业"和"支柱产业"。那么旅游业究竟具有哪些优势呢？

（一）旅游需求前景辉煌

未来学家约翰·托夫勒在《第四次浪潮》中指出："人类发展的第三次浪潮是服务业革命，第四次浪潮是信息革命，第五次浪潮是娱乐和旅游业的发展。"

根据世界旅游组织第十二次大会提供的市场调研资料分析，到2020年，在世界十大旅游目的地排行榜中，中国名列第一名。世界十大客源国排行中，中国位居第四位。另据世界旅游组织的最新展望报告分析，在未来几十年,,中国将大大超过全世界游客数量和旅游收入平均的增长速度。如此辉煌的前景，确实令人振奋和鼓舞。

另据世界旅游组织的判断，当人均国民生产总值达到300美元时，居民就产生了国内旅游的动机；当达到1000美元时，就产生了近国旅游的动机；当达到3000美元时，就产生了远国旅游的动机。从地区分布看，上海、北京、天津三个地区超越了远国旅游动机的经济条件；浙江、江苏、广东、福建、山东、辽宁、黑龙江、河北、内蒙古、新疆、吉林、湖北、重庆、河南、海南、山西、青海、湖南十八个地区超越了近国旅游动机的经济条件；江西、四川、宁夏、西藏、安徽、陕西、广西、云南、甘肃、贵州十个地区超越了国内旅游动机的经济条件。从旅游者个体性质来看，旅游需求具有多层次的特点：消费几万元可作洲际旅游；消费万元左右可作洲内旅游；消费几千元可在国内旅游；消费几百元甚至几十元可作城市周边旅游。可以预见，随着

人民生活水平的提高，旅游需求的潜力是很大的。

此外，产生旅游行为的重要条件之一是人们要有足够的闲暇时间。自1995 年以来，我国首次实行一周五日工作制，采用双休日制，若加上法定假日、带薪休假日、特殊节假日，每年休息日至少 130 天，大中小学生、教育工作者则长达 190 多天。闲暇时间的增多，使人们在观念改变和收入增加的推动下，形成了外出观光度假的旅游热潮。

由此可见，随着社会经济的发展，人们生活水平的提高，闲暇时间的增多，旅游需求有增无减，日益普遍化，居民的消费将更多地向旅游消费倾斜，旅游市场需求在总体和长远上都有足够的保证，就会促使旅游业更加发达。

（二）创汇能力及竞争优势强

创汇能力强，是因为与贸易创汇相比，旅游创汇不需要直接输出宝贵的物质产品，不需要进行多环节的长距离运输。接待一位外国旅游者的创汇，大体相当于出口 4 台电视机获取的外汇，而且是即时买卖，现汇收入，换汇成本较低，在创汇的同时，还有比较丰厚的利润。在国际市场上具有竞争优势，是因为旅游业是融劳动密集、资金密集、技术密集于一体，所以处于不同发展水平的国家和地区都可以在其中找到自身的位置和发展余地，参与竞争。此外，因为我国旅游资源丰富，而且得天独厚，同时人口众多，劳动力资源丰富，一般不受贸易壁垒的干扰和出口配额的限制。

（三）关联带动功能很强

旅游业本身包括食、住、行、游、购、娱"六大要素"，其需要的硬件装备，消耗的食品、日用品，购买的工艺品、纪念品，乃至一些参观项目，都与其他产业相关，可以用旅游业的需求增长引导和带动其他产业的增长。事实上，旅游业与国民经济的各行业都有着千丝万缕的联系。旅游业的发展会直接或间接地带动农业、工业、建筑业、交通运输业、邮电通信业、商业、金融保险业、房地产业、咨询信息服务业等一切相关产业的发展。据"世界旅游组织"资料显示：旅游业每直接收入 1 元，相关产业的收入就能增加 4.3元；旅游行业每增加一个直接从业人员，社会就能增加 5 个就业机会。所以，一个旅游景区的开发，可以使周围一大片的居民富裕起来。

（四）提供就业机会多

劳动就业问题是长期困扰我国经济和社会发展的一大问题，也是直接影响着经济结构和产业结构调整和产业升级换代能否顺利进行。在经济结构调整、产业升级换代的进程中，必须充分考虑到我国人口众多，劳动力资源丰富的基本国情，应当选择发展一些具有较好市场需求的劳动密集型产业，才能较好地缓解沉重的就业压力，为结构调整和社会稳定创造条件。因此，在相当一段时期内，发展具有市场前景的劳动密集型产业是解决就业问题的重要途径。由于旅游业主要是提供劳务商品的产业，可以容纳较多的劳动力，可以比其他产业就业提供更多的就业机会，具有突出优势。

（五）具有较高的经济效益

自 1986 年旅游业正式纳入我国国民经济和社会发展计划以来，国家在投资上对旅游业给予了很大支持，为旅游业的发展创造了一些条件，但旅游业主要是靠自身的经济效益逐步积累发展起来的，并形成了良好的经济循环。旅游业始终是国民经济各个产业中经济效益较好的产业。旅游业良好的经济效益，不仅可以为国民经济和社会发展提供积累，而且可以形成一种示范效应，由其关联带动功能波及相关行业。

（六）加强国际交流与合作以促进对外开放

旅游业是我国改革开放的一个窗口。通过这个窗口，使世界了解中国经济和社会发展的成就，也使我们能更快、更多、更全面地了解世界。发展旅游业有利于引进海外资金，引进先进的技术和管理，加强国际交流与合作。国际旅游业属于"民间外交"，海外旅游者入境后，不但会把消费留在接待地，而且通过参观、游览、考察，会进一步加深对接待地历史、文化、建设成就、投资环境的了解和认识，既可以增进相互的了解和友谊，还可以促进经济贸易的发展，在对外开放中发挥先导和促进作用。

（七）促进区域经济和社会协调发展

改革开放以来，旅游业对加速沿海地区外向型经济起到了重要作用。同时在帮助贫困地区脱贫致富和促进中西部地区经济和社会发展方面也发挥了积极作用，有利于沿海地区和中西部地区的协调发展。由于人才、资金、技术、管理、信息、基础设施等方面的原因，中西部不发达地区的工业品的市场竞争能力较差，发展工业的初始难度较大，种养殖产品也有运输和市场问题。但这些地区大都蕴藏着丰富的旅游资源，它们的分布与贫困地区有很大的重合性。而在这些地区发展旅游业收效较快，可以带动相关产业发展，成为当地经济发展的龙头产业。随着我国国内旅游业的崛起，一些有旅游资源的"老少边穷"地区，通过开发旅游资源，发展旅游业，收到了脱贫致富奔小康的良好效果。

（八）旅游业对提高国民素质也有促进作用

人类知识的来源除了书本以外，更有实践活动。旅游实践活动，可以丰富地理、文史、风俗民情、经济等方面的知识。中国古语中所谓"读万卷书，行万里路"，说的就是这个道理。旅游活动中的所见、所闻、所想、所思，都是旅游者的宝贵的知识财富和积累，其中一些可能对其一生的事业产生重要影响。所以，旅游业所经营的旅游活动对提高国民素质有促进作用。发展国内旅游，也是进行国情教育和爱国主义教育的有效途径。

旅游业的上述产业特征和特殊功能，是其他任何产业所不能包容和替代的。正因为如此，发展旅游业才越来越得到世界各国的重视，也越来越得到我国政府的重视。这就是世界旅游业不断发展兴旺的内在原因，也是我国旅游业迅速崛起和持续、快速、健康发展的内在原因，是旅游业成为我国新的经济增长点的充分必要条件。

总之，从供求角度看，旅游需求潜力巨大，旅游供给资源丰富独特，旅游业市场前景广阔，被世界誉为"永远不落的朝阳产业"。可以预见，随着社会生产力的进一步发展，人们的旅游需求将会更加旺盛，旅游业这轮"朝阳"将会更加光辉灿烂。

与此同时，旅游业始终奋斗的一个目标就是要成为新世纪的"支柱产业"。但能不能成为一个支柱产业，在 20 世纪 80 年代前期就有争论。当时争论的表面命题是"大国不能以旅游立国"，而支柱产业与立国是不同层次的概念。因此这种命题本身就不科学。但隐含的本质问题是，按照传统理论，只有生产部门才创造价值，服务经济门类不是生产部门，从根本上就不存在成为支柱产业的前提。但旅游的产业化的迅猛发展，随着理论的创新和观念的逐步变化，现在各方面在这一点上已经没有争论了，尤其是旅游业作为新的经济增长点的地位的确立，激发了我国各地的重视程度，达到了前所未有的高度。

这样一个不能否认的事实呈现在我们面前：作为我国新的经济增长点的旅游业在未来的几十年内不仅是中国的"永远不落的朝阳产业"，而且肯定成为中国的主要支柱产业。国家旅游局在旅游业发展规划中，明确提出要将中国建设成"世界旅游强国"的远景目标。

第四节　旅游经济管理

一、旅游经济管理的界定

旅游经济管理是对旅游经济活动的各个领域，通过市场调节和宏观调控，使得社会资源与生产力各要素在整个旅游行业内有效配置，以最有效的方式实现旅游经济目的的管理活动。

按层次划分，旅游经济管理可分为宏观旅游经济管理和微观旅游经济管理。前者是指对整个旅游行业的宏观管理，其特征体现在总体和总量上；而后者是对各类旅游企业、单个经济单位和经济实体的个体管理，其重点在于个体的管理与研究。

二、旅游经济管理的特点

旅游经济管理既具有一般经济管理的基本属性，又表现了其特殊性。而其特殊性正是由旅游经济活动的特殊性所决定的，具体体现为如下五个方面。

（一）自然性

旅游经济管理的对象是旅游经济活动的各个领域，而涉及旅游经济活动的要素既包括旅游资源、旅游设施，又包括旅游从业人员、旅游者。旅游经济管理的最终目的就是有效地开发旅游资源，合理地组织和调控旅游经济活动，使旅游业可持续地发展，这可以说是任何国家和不同社会制度下旅游经济管理自然属性的一种最终体现。

（二）社会性

旅游经济管理离不开一定的生产关系，它是旅游业经营活动中一定生产关系的体现，因而旅游经济管理具有社会属性。在我国旅游经济活动的目的是按照旅游经济规律的要求，通过组织合理的旅游经营活动、采用科学的管理方法和技术来取得最佳的经济效益，促进旅游业的迅速发展，以满足国内外旅游者的需要。

（三）综合性

旅游经济活动是集食、住、行、游、娱、购等于一体的综合性经济活动，而旅游经济管理正是在旅游经济活动基础上得以进行与开展的。因而旅游经济管理实质是针对旅游经济活动各要素而进行的综合性管理，以确保旅游消费需求得以实现，因此，旅游经济管理具有综合性。

（四）区域性

旅游业发展的物质基础是旅游资源，而旅游资源的分布是存在区域差异性的，因而以旅游资源为依托开展的旅游经济活动则表现出明显的区域性特点，随着旅游区域的热点、温点、冷点的不同，旅游经济活动的开展也必然有别，因此，决定了旅游经济管理因地而异，表现了区域性。

（五）季节性

旅游资源随着季节的变化其吸引力程度是会发生转变的，即使不发生转变，季节性的变化也会影响到旅游活动的开展，因而导致了旅游经济活动的季节性。而旅游经济管理也表现出季节性特征，在淡季到来之时营销力度加强，管理成本上注重成本控制；而在旺季到来之时，则强调全面质量管理与旅游信息系统的加强。

三、旅游经济管理研究的方法

旅游经济管理是一门综合性学科，其研究内容十分广泛，涉及面相当宽，要使旅游经济管理的研究成果具有科学性，并对实际工作具有指导意义，采用定性与定量相结合的科学研究方法必不可少，因为任何经济问题，都有它的质的规定性和量的规定性。质和量的统一是"度"，超过一定的"度"，问题的性质就起了变化。旅游经济管理活动中各种经济现象都是质与量的统一。一方面，旅游经济管理中的许多范畴都有质的规定性。例如，旅游需求质的规定是由旅游者意愿、闲暇时间与价格规定的，旅游供给质的规定性则是由旅游经营者在一定时间、价格条件下提供旅游商品的意愿所决定的。另一方面，旅游经济管理的许多范畴同时又具有量的规定性，如旅游业的经济效益，客房出租率、投资回报率，等等。因此，在旅游经济管理的学习研究中，必须把定性分析与定量分析结合起来，从而达到事物的质与量的统一。

四、旅游经济管理的手段

随着旅游业的迅猛发展，旅游产业规模越来越大，其影响也越来越深远，为了协调旅游业与国民经济各部门之间的关系及旅游内部各部门的关系，旅游业的宏观管理与调控显得尤为迫切和重要。其基本手段主要有以下三种。

（一）经济手段

旅游业是经济产业，需要遵循经济规律，经济手段是旅游业宏观管理与调控的最重要手段。经济手段是国家在商品生产条件下，按照各种经济关系相互作用的规律对经济生活进行调控的手段，包括财政政策、货币政策、金融政策、外贸政策、物资分配政策等。

经济手段的根本特征是借助经济事物之间普遍存在的、灵活敏感的连锁反应机制，调节和控制经济发展目标。主要着眼点在于启动经济主体的内在动力，自觉地进行调整。如利用信贷利率可以调节资金流向，利用税收可以调节国家、企业的利益分配，利用价格可以调节供求矛盾等。经济手段的另一突出特征是国家对经济手段的掌握和控制，能有效避免市场的盲目性，发挥国家的调控作用。

（二）法律手段

法律手段主要指经济法规和相关的行政法规，也就是国家以法令、条例以及规定的方式对国家、企业、个人在经济活动中的行为加以规范，以处理和调整各级国家机关、企事业单位、各种经济组织以及个人之间的经济关系和市场行为。如税法、企业法、海关法、反垄断法等。对于旅游业最根本的法律依据应该是旅游法，此外，旅行社业、旅游饭店业、旅游交通业、旅游观赏业、旅游娱乐业、旅游购物业等各行业应有专门性的法规，以适应旅游业的需要。

（三）行政手段

行政手段是依靠行政组织，运用行政命令、指令、规定和法令等强制性手段组织、指挥、监督、调节社会经济活动的办法。行政手段的具体形式包括：指令性计划，指令性价格，对企业的审批、注册、升级、定点、关停并转等。目前，虽然旅游企业是以市场机制为主的外向型产业，仍然需要必要的行政手段，与经济手段和法律手段相配合，调控旅游经济的发展。

第二章 基于大数据的旅游管理与服务

第一节 旅游大数据

全球每年数十亿人次的旅游观光出行、旅游餐饮住宿、旅游预订查询、旅游电子商务早已汇集成庞大的人流、物流、资金流、信息流与数据流。现代旅游国际化、标准化、定制化、个性化与智慧化的发展趋势，迫切需要引进大数据分析技术，以满足蓬勃发展的旅游市场和旅游管理的需要。

一、旅游大数据的概念

旅游大数据是智慧旅游的"智慧之源"，它利用大数据的方法和技术，有效收集和整合旅游监管数据、移动运营商数据及旅游行业数据，对游客信息进行多维度的精准分析和有效预测，让数据"说话"。具体来说，旅游大数据是指在旅游的食、住、行、游、购、娱六要素领域所产生的数量巨大、快速传播、类型多样相关、富有价值的数据集合，通过大数据技术（如云计算、分布式存储、流运算、大数据算法、NoSQL 数据库、SOA 结构体系等）进行数据相关性分析和数据可视化，从而使旅游参与各方的决策更加高效便捷，提高游客消费者满意度。

移动互联网让旅游业呈现数据大爆炸。目前，在线旅行网站、旅游微博、微信、视频网站、社交网站等都产生以亿计的数据，这其中既包括在线旅游预订网站中用户的预订频率、价位，也包括旅游攻略网站中用户对酒店环境的评价，以及对旅游景点和公共服务设施的描述，还有景区、酒店内部管理所有的信息系统、视频监控系统、感知系统等所产生的大量数字、文字、视频数据。有研究认为，现在分析应用的数据只占数据总量的20%，这些数据主要是结构化数据，另外 80% 的数据并没有得到很好的利用，这部分数据主要是非结构化数据。非结构化数据目前普遍被认为占数据总量的 85% 以上，而且增速比结构化数据快得多，达到 10~50 倍。尽管上述数据的准确性有待研究确定，但无法否认的是，非结构化旅游大数据具有难以估量的价值。

二、旅游大数据的应用价值

大数据在实际应用中，主要包括大交易数据、大交互数据和大机器数据三类。大交易数据包括从传统银行、电信的交易数据到各类网银支付数据，大交互数据主要是指来自 Facebook、微博等社交网络的非结构化数据，大机器数据是指由物联网内各种传感器产生的数据。

大数据在旅游行业，特别是在智慧旅游中的应用具有广阔的发展空间，旅游大数据主要来源于互联网 BAT 三大巨头、通信运营商、旅游领域互联网公司、景区企业及旅行社、酒店等旅游企业。旅游大数据在互联网与信息化产业发展的基础上应运而生，互联网 BAT 大企业各自发挥了重要的作用。如百度搜索引擎平均每天的搜索量达到上百亿次，每一次游客的搜索请求均构成了百度大数据，而通过游客的搜索请求，可以预测旅游市场发展的趋势。百度地图在国内市场占有率接近七成，远超高德地图，游客每一次通过百度地图定位、导航，都会被存储、记录，为此，百度地图可以知晓每一位游客的实际游览轨迹。百度整合了旗下 50 多条产品线的数据，包括百度搜索、百度地图、百度糯米等，游客在每个百度产品上所产生的数据都会被百度知晓，并通过数据挖掘、分析，产生每一位游客的数据画像。阿里的数据主要是淘宝、天猫等购物网站所产生的消费数据，通过游客的购物行为，阿里可以判断每一位用户的消费能力、收入水平、消费偏好。腾讯在大数据领域，拥有价值较高的社交数据、消费数据、游戏数据等。

旅游大数据在旅游市场定位、旅游市场营销、旅游收益管理和旅游学术研究上的应用价值主要体现以下几个方面。

（一）大数据有助于准确进行旅游市场定位

对旅游市场的准确把握是旅游经营取得成功的关键。旅游企业和社会组织通过架构旅游大数据库，拓宽旅游行业调研数据的广度和深度，从旅游大数据分析中了解目标市场的构成、市场特征、消费者需求和竞争者状况，有针对性地提出科学合理的解决方案和建议，以保证企业在激烈竞争的市场环境下立于不败之地。

通过分析游客在旅游网站上的浏览行为和微信聊天通信，了解游客对旅

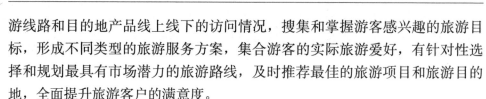

游线路和目的地产品线上线下的访问情况，搜集和掌握游客感兴趣的旅游目标，形成不同类型的旅游服务方案，集合游客的实际旅游爱好，有针对性选择和规划最具有市场潜力的旅游路线，及时推荐最佳的旅游项目和旅游目的地，全面提升旅游客户的满意度。

（二）大数据成为旅游市场营销的重要工具

随着搜索引擎、社交网络和智能移动手机的普及，旅游大数据的信息量不断增长，并在旅游行业的市场需求、市场动态和旅游营销中发挥着重要的作用。准确预测和判断旅游消费者需求，及时提供相应定制化与个性化的旅游产品已成为旅游企业成败的关键。

通过对客户资料的收集与聚类性的分析，借助大数据挖掘工具，可对客户的行为和兴趣爱好进行分析，及时了解和关注潜在客户的喜好，对旅游网站的结构进行动态处理，保证网站的优化设计与游客的实际需求相吻合，向客户推荐其最感兴趣的旅游信息资料，有效增加网站的黏性，提高网站的访问量，挖掘潜在客户。

（三）大数据支撑旅游行业收益管理

旅游行业可通过大数据进行需求预测、市场细分和敏感度分析等收益管理，精准地把相应的旅游产品或服务，在恰当的时间、以合适的价格、通过合理的销售渠道出售给最需要提供帮助的游客，实现旅游企业收益最大化目标。

伴随着网络技术的发展，旅游企业及用户在网络的使用过程中产生了海量的信息数据，通过对这些大数据的分析挖掘，发现出现概率较高的旅游模式或旅游细分市场，为旅游市场营销、线路优化提供有价值的旅游信息发挥巨大的作用。

由于大数据时代的来临，电子商务模式逐渐取代传统的商业模式，旅游业的在线服务在旅游市场竞争中占据了一定的优势地位，在线旅游已成为旅游业发展的主力军。在线旅游服务代理商依据数据的挖掘技术，为游客们提供了距离最近的酒店、餐饮与娱乐等服务，同时为不同需求的游客提供了更加匹配的旅游方案。

（三）独特的学术价值

旅游大数据隐含着巨大的社会、经济、科研价值。随着论坛、博客、微博、微信、电商平台、点评网等媒介在 PC 端和移动端的创新和发展，公众分享信息变得更加自由便捷。公众分享信息、网络评论形成的交互性大数据，蕴藏着巨大的旅游需求开发价值。

对旅游大数据的开发利用，可以及时了解和掌握旅游产业运行情况，开展旅游产业运行监测并实施有效管理，而对旅游大数据的分析，可以提前预测旅游市场和旅游行业未来变化发展的动态特征，具有巨大的科学研究价值。

总之，大数据分析有助于了解旅游行业和市场趋势，预测未来需求和供给。将需求和供给的预测信息输入定价引擎，大数据就可帮助旅游企业实现动态定价，增加收入，减少损失，实现收益最大化。大数据技术的发展给包括旅游企业在内的很多企业与行业经营决策模式带来了根本转变，驱动着行业变革，衍生出新的商机和发展契机。驾驭大数据的能力成为行业领军企业的核心竞争力，帮助企业打破数据边界，绘制企业运营全景视图，做出最优的商业决策和发展战略。

第二节　旅游大数据分析平台

随着信息技术特别是互联网在旅游行业中的广泛应用，传统的信息处理与关系数据库已经无法满足每年数十亿旅游人次出行及其统计分析的需求，TB级以上大数据的处理与分析，已成为现代信息处理技术面临的重大课题。

随着人们对旅游信息重要性及其价值认知的加深，旅游大数据分析的用途日益广泛，它使旅游经营者和旅游管理者能够更加智能而精准认识旅游群体或特定旅游对象的旅游模式、旅游运行规律和旅游者的行为特征等内容从而使得人们对旅游大数据的商业价值有了更大的想象空间。因此，借助旅游大数据分析平台完成对旅游大数据信息的加工处理，已经成为我国旅游产业转型升级、提质增效的重要举措。

一、旅游大数据分析平台的架构体系

大数据平台一般有代码保密的商用平台与代码开源的大数据服务平台两种类型。一个开源的旅游大数据平台需要一个存储和处理旅游大数据的分布式数据处理系统平台，由支持海量数据存储的分布式文件系统、自由表等存储系统和支持分布式调度的计算系统框架三个模块构成。

一般情况下，旅游大数据分析平台的架构体系主要分成四层，自下往上依次是：

（一）旅游特征大数据收集、抽取和集成层

旅游特征大数据收集、抽取和集成层主要为整个大数据分析提供基础数据支持。收集存储、转换与载入旅游特征数据，包括旅游出入境及本地游客数量、海陆空各交通枢纽游客流量、饭店入住人数、景区入园人数、各旅游景区游客分布与拥挤状况、旅游经济与环境现状等特征数据。旅游大数据可以通过旅游运营商内部网络采集，也可以通过外部互联网采集和传送。

（二）旅游大数据存储层

旅游大数据分析平台中的大数据存储层主要包括旅游数据导入与访问控制部分、旅游数据存储系统部分。旅游大数据的存储需要较大的存储容量和实时读写能力，所以采用分布式存储系统，可以在多台机器上并行使用，支撑 TB 级规模以上的数据量。

旅游行业作为一项经济、复杂、庞大的社会活动，数据是庞大、复杂、甚至是碎片化的，非结构化数据普遍被认为占数据总量的85%以上。结构化数据是指在固定字段集合中存放的数据，如关系数据和电子表格数据，属于传统的数据技术；非结构化数据是指难以用数据库二维逻辑表表现的数据，包括文本数据以及未标记的视频、音频和图像数据等；半结构化数据则介于两者之间，是用标签和其他标志划分数据元素的数据，可扩展标记语言和超文本标记语言都属于半结构化数据。广义的非结构化数据包括了半结构化和多结构化数据。

旅游大数据在处理和存储结构化的旅游数据时，通常使用自由表来。对于非结构化旅游数据，一般采用分布式文件形成存储，记录存储文件块以及元数据信息。结构数据与非结构数据必须经由导入管理器与写缓存过程，并进行存储，其中物理存储模块包括分布式文件存储、分布式索引和元数据的统计信息，其他存储模块包括自由表的数据模型或 P2P 可伸缩架构存储系统。

（三）旅游大数据云计算层

旅游大数据平台云计算层也可称为功能层，提供基本的旅游大数据运算与挖掘服务，主要是分布式计算层（并行计算与流计算），包括分布式数据挖掘运行系统和智能数据中心联合调度技术系统。云计算服务层主要为用户提供基于互联网的大数据服务，并进行数据挖掘，包括并行数据挖掘与统计、并行文本挖掘与统计、数据融合、目标识别、态势评估、态势预测等。

旅游大数据库对采集来的原始旅游大数据进行分析、抽取、选择、转换，提取关键数据入库，对旅游大数据进行压缩后，再进行数据传输处理。为了降低旅游大数据计算的难度，旅游管理客户会按照相关的大数据库框架规范自定义 Map 等函数，然后向旅游大数据库提交相关的数据分析内容，相应的文件集群会自动将其调度到对应的机器上，对节点上收集到的旅游数据进行指定的参数作业和并行计算处理，并将获得的结果返回到客户端。

旅游大数据分析平台所采用的分析技术包括旅游市场前景预测分析、旅游商务大数据挖掘、游客群体不同行为特征的统计分析、复杂结构化查询语言，以及数据可视化技术、人工智能、文本法分析、自然语言处理等支持旅游大数据分析的相关技术与工具。

（四）旅游大数据索引查询服务与处理层

旅游大数据索引查询服务与处理层主要面向旅游管理和旅游运营前端的客户需求，通过对查询请求的解析和优化，提供统一的基于 Web 的大数据挖掘技术和索引查询的接口服务，构建基于 Open API 的大数据分析模式，对底层旅游数据库进行快速搜索查询、并提供实时呈现与返回查询服务。旅游大数据索引查询与处理层可提供台式机、笔记本、平板电脑、移动手机和互联网浏览器访问等多终端用户使用模式。

旅游大数据索引查询服务与处理层可为旅游管理层和市场运营企业提供游客数量、地点位置、游客行为图像等实时多媒体查询，并可进行旅游景区承载量、游客时空分布、旅游交通状况与旅游收入等旅游大数据挖掘和分析等服务，还可对境内外旅行团出游计划、游客组成、游客经济与消费行为、旅游企业收支结构等关键绩效指标进行分析；同时，可以实现对旅游企业员工进行多角度、全方位的分析与全程监控，并提供旅游企业的决策支持服务。

（五）其他支撑与辅助旅游大数据库的技术与管理模块

其他支撑与辅助旅游大数据库的技术与管理模块包括了对旅游大数据库实施安全控制的系统及其他安全管理工具、语义抽取等分析挖掘工具以及建立的各项管理标准体系，它们可以确保旅游大数据库的正常运行，发挥高效服务的功能。

二、金棕榈企业的旅游大数据平台

旅游大数据分析平台一般以全国或区域性智慧旅游大数据服务中心为基础设施，以互联网服务体系为架构，以大数据的整理、选择、合成、提取、挖掘、分析和交互式可视化分析等关键技术为支撑，通过形式多样的、以互联网为纽带的智能终端，为旅游企业或旅游行政管理部门等不同对象与目标用户提供包括旅游数据库、旅游相关数据分析、旅游相关数据服务接口、旅游相关数据查询、旅游相关数据交换以及旅游大数据管维运营等多项服务。金棕榈企业的旅游大数据平台，充分融合了金棕榈企业机构在旅游行业、信息行业、电子商务等领域积累的实战经验，成为卓越的旅游大数据服务品牌。

（一）平台简介

金棕榈企业的旅游大数据平台基于大数据技术，将出境游、境内游、入境游三大旅游市场，旅游目的地、景点、旅行社、旅游团队及导游、领队、执法检查的动静态监管数据进行高清晰、高分辨的画面显示和窗口组合，使旅游企业/旅游管理部门监管指挥调度所需的各类信息实时迅速地汇集在同一画面，为迅速分析判断、综合调度和决策指挥提供了可视化平台。

大数据平台通过多元的渠道收集和挖掘有效的信息。参照国家旅游局颁布的《旅游统计管理办法》统一统计口径，采集全国的旅行社、OTA 机构、中国旅游研究院、国家旅游局、上海旅游局等地方旅游局、境外观光局、中国海关等相关企业与机构的数据信息，并根据全国 4200 万游客、5323 家旅行社、240 万团队进行样本估算，具有较高的代表性。

基于海量样本数据，平台运用贝叶斯分类、决策树分类、EM 算法、Apriori 算法等数据挖掘算法，形成金棕榈多种数学咨询分析模型，经过专业的数据整合分析，根据客户需求形成各类分析报表，为企业和机构的决策和营销提供有力的参考依据。

（二）平台数据分析服务内容

金棕榈企业机构咨询平台利用金棕榈大数据服务平台提供的数据订阅途径、数据分析手段与旅游企业技术服务等途径与方法，辅助国家旅游局和相关旅游企业，及时了解和掌握旅游市场动向，提供行业运营和监管解决方案。比如，2014 年"十一"黄金周期间，金棕榈预测九寨沟七天首日客流量最低，准确预测低谷日且误差仅 2.58%；2013 年"十一"黄金周预测赴日市场同比增长 130%，该数据被日本旅游局直接采用；2010 年上海世博会预测单日次高入园人数，预测的数据为行业内最准确。

大数据平台可服务于政府部门，帮助旅游局了解当地旅游市场的发展动态、竞争环境，为指导当地旅游发展提供决策依据；服务于旅游企业，协助旅行社定位客源市场，提供数据精准营销分析，从而成功地利用旅游大数据平台分析将大数据转化为商业价值。

（三）平台应用价值与案例

金棕榈旅游大数据服务对象包括景区、旅游局、OTA、旅行社、酒店、航空公司、旅游咨询类机构等，为其提供旅游行业宏观分析、目的地游客特征多维度分析、实时客流量监控及预测和实时舆情监控等解决方案。大数据的分析路径包括变化趋势分析、同比变化分析、要素对比分析和专题定向分析。

1. 提升营销精准度

金棕榈的大数据旅游服务平台拥有巨大的应用价值，通过对目的地游客特征分析，帮助景区、酒店、旅行社、航空公司进行客源市场细分及潜在市场挖掘，优化营销投放渠道，提升营销精准度。平台为某旅行社提供的客源市场等各方面的信息咨询，旅行社可根据这些旅游大数据的分析结果做出线路安排和营销策略的调整。

2. 预测及风险预警

平台通过对区域人群分布热力图、客流量预测及风险预警，辅助景区/政府合理安排人力、运力，提升旅游体验，降低安全风险。

3. 舆情监测应对

平台可以辅助景区、政府、旅游企业全面、实时把握舆情事件影响，有效进行舆论引导并制定相关改进机制，整体提升旅游服务体验。此外还有一些专题报告，针对市场的热点动态做出及时的预测或分析总结，实现旅游大数据的实时更新，发挥数据应用的及时性价值。

旅游大数据分析平台是在当代互联网与信息化高速发展形势下旅游分析决策与运营管理重要的基础性平台，在旅游市场运营与管理中发挥越来越重要的作用。

第三节　旅游大数据分析与挖掘

伴随着中国旅游业的高速发展，旅游行业运行也发生了巨大的变化，行业规模不断扩大，导致旅游数据爆炸性的增长，形成一个巨大的海量信息空间。智慧旅游需要依靠大数据提供足够有利的资源，并对数据进行有效的挖掘、分析和应用，旅游业才能得到"智慧"发展。如何充分利用海量的旅游原始数据，快速、准确、方便地对日常积累的反映旅客信息的海量旅行数据进行旅游挖掘分析，已经成为智慧旅游大数据应用的重要内容。

一、旅游大数据挖掘分析的主要工作内容

移动互联网让旅游业呈现数据大爆炸。目前，在线旅行网站、旅游微博、微信、视频网站、社交网站等都产生以亿计的数据，这其中既包括在线旅游预订网站中用户的预订频率、价位，也包括旅游攻略网站中用户对酒店环境的评价，以及对旅游景点和公共服务设施的描述，还有景区、酒店内部管理所有的信息系统、视频监控系统、感知系统等所产生的大量数字、文字、视频数据。

虽然大数据是座"金矿"，在旅游行业的应用前景也非常广阔，但是，整个行业对于大数据的应用仍存在较大的障碍。这些障碍来自数据的收集，更来自数据的分析和挖掘。

只有充分地从海量旅游数据中抽取出有用的旅游信息，旅游行业的发展才会更加"智慧"，实现智慧旅游的建设目标。

（一）旅游大数据采集和整理

1. 旅游大数据的来源

旅游大数据是智慧旅游建设实施的基础。旅游大数据的来源主要有两个。

（1）企业内部获取的各类数据

其中包括了用户在与企业互动过程中的交易、评价、轨迹、调研等数据，以及企业的管理营销等数据。

（2）外部数据

其中企业可以通过购买的方式从第三方机构获取相关数据。另外，企业也可以通过数据软件采集的方式获得相关旅游数据。如利用相关的数据扒取软件和数据拥有方提供的 API 接口来进行数据采集。其中常用的数据采集软件有火车采集器、网络矿工采集器等。

2. 数据采集的渠道

数据采集的来源渠道较多。

（1）公众 Wi-Fi 是性价比较高的游客信息采集渠道，能获取游客的手机号码、游客微调研问卷以及了解游客具体位置数据。

（2）旅游一卡通是最佳游客行为数据采集措施，能够获取旅游消费清单数据、游客旅游消费轨迹数据。

（3）旅游手机应用是高性价比的游客行为采集渠道，能获取游客信

息关注行为数据、采集游客旅行轨迹数据以及获取游客满意度调研与反馈数据。

（4）旅游资讯网是采集潜在消费者信息的渠道，可采集消费者旅游信息关注数据、旅游网络营销效果评估数据以及获取智慧化的旅游信息服务数据。

（5）旅游呼叫中心是采集高价值游客信息的渠道，可采集游客需求数据、旅游 CRM 维护平台等。

（6）在线旅游企业的用户使用数据获取是比较热门的渠道，比如携程、去哪儿、途牛等在线 OTA 类企业，在此类网站上形成、积累了大量的用户数据，包括酒店、机票、景区门票、旅行社的交易数据。

（7）智慧旅游类系统或平台数据，即城市、景区、酒店、旅行社等信息库统计和记录下了相关数据，可通过这些智慧数据库收集到具体的运营和监管数据，包括旅游出入境及本地游客数量、海陆空各交通枢纽游客流量、饭店入住人数、景区入园人数、各旅游景区游客分布与拥挤状况、旅游经济与环境现状等特征数据。

3. 数据分析

旅游行业作为一项经济、复杂以及庞大的社会活动，旅游大数据庞大复杂且碎片化。每个旅游业者都会有自己的会员和消费数据记录，这些记录是大数据的基础信息，那么，如何在一堆数字和消费者行为中分析处理并得出结论呢？

（1）结构化数据分析

结构化数据是指在固定字段集合中存放的数据，如关系数据和电子表格数据，属于传统的数据技术。结构化数据的分析处理相对简单，比如将现在的数字与上一年同期做比较，或直接计算占比等。

（2）非结构化数据分析

非结构化数据是指难以用数据库二维逻辑表现的数据，包括文本数据以及未标记的视频、音频和图像数据等。

处理非结构化数据时，首先要看懂消费者行为，包括浏览、预订、出行等整个过程。比如现在很多游客会在 OTA（在线旅游代理商）上比价和预订酒店，其搜索的关键词和浏览痕迹会体现在 OTA 的记录里，如果客人浏览过这家酒店的页面却跳转了，并未下订单，则可以通过这个记录分析该客人不下单的原因，当这个客人通过价格、品牌、区域等关键词排序查找酒店信息后，其留下的浏览记录则可以统计出人们是对于价格敏感还是品牌敏感。此外针对互联网上的旅游评论，大数据还可采用非结构化的方式对评论内容的情感心理偏好等做出判断。

（3）半结构化数据

半结构化数据则介于两者之间，是用标签和其他标志划分数据元素的数据，可扩展标记语言和超文本标记语言都属于半结构化数据。

（二）旅游大数据挖掘服务

大数据是庞大复杂且碎片化的，无从处理和编辑，大数据分析的目的就是要把隐藏在一大批看起来杂乱无章的数据中的信息集中、萃取和提炼出来，以便找出研究对象的内在规律。要快速挖掘出数据的价值，寻找到隐藏在沙里的"金子"，第一步就是去除不需要的石头和沙砾，在大数据分析过程中，这个过程叫数据清洗，也可以理解为数据的预分析，这对数据挖掘的方向有重要影响。

数据挖掘可称为数据的知识发现，是从大量不完全的、模糊的、有噪声的随机数据中提取隐含在数据中的有价值的信息，并通过统计、在线分析处理、情报检索、机器学习、专家系统和模式识别等众多方法实现数据分析的目标，通常与计算机科学有关。它是一个基于机器学习、人工智能、数据库、模式识别等的决策支持过程，可以自动分析大量数据，做出归纳性推理，并从中挖掘出潜在模式，为用户提供决策性支持。

大数据挖掘技术主要包括关联分析、序列模式、分类、聚类、异常检测等。在旅游大数据挖掘分析应用中可以采用关联分析对旅游数据进行搜索，从中找出出现概率较高的模式，或者通过数据的聚类与分类，分析旅游数据的相似性，将相似的数据存放在一起，为决策者提供决策支持。

具体而言，旅游大数据的挖掘聚焦以下三个层面：

1.挖掘旅游活动信息

通过分析游客浏览旅游网站的日志，利用数据挖掘技术发现用户常见的浏览行为，或通过游客游记、评论等内容中涉及的旅游活动安排，掌握游客感兴趣的旅游目标和信息。针对这些内容的数据挖掘可帮助旅游企业和管理部门进一步优化旅游产品的线路组合策略，提升旅游管理服务，甚至发现新的旅游项目与旅游目的地。例如，通过数据挖掘分析，某游客在浏览张家界国家森林公园网页信息的同时，浏览了凤凰古城网页信息，由此可以得知，游客在游玩张家界国家森林公园之后继续游玩凤凰古城的概率很大，反之也成立。因此，旅游管理部门可以在两个景区之间增加旅游大巴，或者在张家界国家森林公园网页中推荐凤凰古城网页。

针对客户的旅游爱好与需求可提供个性化的旅游建议和推荐旅游线路，协助旅游者做出相应的旅游计划。如携程等在线旅游企业开发的定制旅游服务，通过分析客户提交的个人信息，根据客户特征来推荐（或者说定制）更适合、更舒适的旅游线路。

2. 挖掘潜在旅游市场

通过旅游数据挖掘能够获得潜在的旅游客户，主要采用数据聚类与分析方法。对于新的游客，通过对游客的访问记录进行聚类与分析，识别潜在的旅游客户，向其推荐感兴趣的旅游动态。比如，用户虽然并未明确浏览过旅游网站信息，但经常浏览非登录地的住宿信息，则该用户很可能是位经常出差的商务人士，可以在住宿页面推荐当地特色休闲旅游动态。大数据可以针对特定旅游产品做出需求预测，使企业管理者掌握和了解旅游行业潜在的市场需求，把握未来一段时间每个细分市场的产品销售量和产品价格走势等，从而使企业能够通过价格的杠杆来调节市场的供需平衡，并针对不同的细分市场来实行动态定价和差别定价。此外，通过定位到的潜在旅游市场群体，旅游营销可以更加准确地定位到那些已经搜索和预订的旅行者细分市场，将营销嵌入整个旅行环节内部并实现精准营销。

3. 挖掘旅游的满意度

在微博、微信、论坛、评论版等平台随处可见网友在旅游目的地的游玩点评，点评内容涉及住宿、餐饮、景区景点、服务人员、休闲设施等各个方面。通过收集网上旅游行业的评论数据，建立网评大数据库，利用分词、聚类、情感分析了解消费者的消费行为、价值取向、评论中体现的新消费需求和企业产品质量问题，改进和创新产品，量化产品价值，制订合理的价格，提高服务质量，从而获取更大的收益。

（三）数据分析库

将分析模型与结果保存起来，作为数据分析工具，便于开发人员快速地进行旅游数据挖掘应用。数据分析模型常作为数据分析的工具为开发人员所采用，数据通过合理的算法模型分析后能快速地进行旅游数据挖掘应用。

旅游行业是高度复杂、高度关联的行业，旅游部门对大数据的分析内容包括旅游市场需求预测、旅游景区和旅游供应商销售预测、旅游产品优化、资源库存管理、多渠道市场营销方案优化、旅游税收流失分析等。旅游部门和企业需要对来自不同渠道的数据源进行整合分析，如利用在线门户网站和旅游运营商的数据，使用不同参数提高销售和市场营销的有效性。

社交媒体上的非结构性数据是研究游客行为模式的最佳资料。社交媒体还提供了丰富的群体情感信息，帮助政府和企业分析市场趋势和游客偏好，

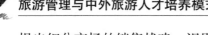

提出细分市场的销售战略，识别未知的市场风险。

（四）数据结果的可视化

可视化是利用计算机图形学和图像处理技术，将数据转换成图形或图像在屏幕上显示出来，并利用数据分析和开发工具发现其中的未知信息，并进行交互处理的理论、方法和技术。通过可视化（图表等）工具展现挖掘结果。在碎片化时代，用户每天面对海量的信息，可视化数据结果可以让用户更加直观地了解和记住相关结果和知识。

作为旅游行业，数据可视化的方法和技术发展的速度不容小觑，它使大数据处理和分析形成了一个从数据整合、分析、挖掘到展示的完整闭环。数据可视化是对大型数据库或数据仓库中数据的可视化，这是可视化技术在非空间数据领域的应用，不再局限于通过关系数据表来观察和分析数据信息，还能以更直观的方式看到数据及其结构关系，最直白的解释就是用图和表来呈现数据的结果。它的起点来自独立的关系型数据库，经过数据整合之后形成统一的、多源的数据存储系统，再根据用户的需求，重新取出若干数据子集，或构造多维立方体进行联机分析，或进行数据挖掘，发现隐藏的规律和趋势。如果挖掘的结果经得起现实的检验，那就形成了新的知识，这种知识还可以通过数据可视化表达、展示和传递。

数据经过一系列的清洗、分析处理之后，如何以合适的方式表达出来才有它独特的意义。数据展现就是如何以更直观和互动的方式把分析结果展示出来，便于人们理解，被理解才能被使用，这样一系列的大数据处理才能变得有意义。大数据的分析系统必须提供数据来源、分析过程、查询机制等一系列的信息，最终以图表、文字等可视化的方式呈现在我们眼前。

目前，大多数的办公和统计软件都能对数据分析结果进行可视化，例如EXCEL、SPSS 等。当用户对数据结果可视化有特殊要求时，可以借助 C++、PYTHON、R 等编程语言工具实现。

二、数据挖掘项目的实施步骤

在近几年的数据挖掘实践中，跨行业数据挖掘过程标准（CRISP-DM）占据领先地位，采用量达到 60% 左右。它把数据挖掘项目的实施步骤分为六个阶段，而这六个阶段的顺序是不固定的，经常需要前后调整以完成数据挖掘工作。

（一）业务理解

业务理解阶段主要指理解项目目标，从业务的角度理解数据分析的需求，同时将之转化为数据挖掘问题的定义，制定数据挖掘的目标，并完成初步阶段。

（二）数据理解

数据理解阶段从初始的数据搜集开始，一旦对象和工作计划拟定完成，就要考虑所需要的数据，熟悉数据，识别数据的质量问题，发现数据的内部属性。

（三）数据准备

大数据中包含大量错误、重复的部分，需要删除、整理和转化。数据准备可以视为一次数据探索，为之后的模型建立做准备。通过对原始数据进行清洗和梳理，有效地消除无关或者虚假信息对最终数据挖掘结果造成的不良影响。所以在数据准备时，数据清洗至关重要。

（四）建立模型

这一阶段需要描述数据并建立关联，然后用一定的分析方法借助数据挖掘工具进行数据的基础分析。在这一阶段，因为需要依据不断增长的数据进行修正，所以要不断地回到数据准备阶段，最后依据数据建立相关模型。

（五）模型评估

在发布模型之前，需要彻底评估模型，检查构造模型的步骤，确保模型可以完成业务目标，这一阶段的关键是确定是否充分地考虑重要业务问题。

（六）实施部署

根据客户需求，实施部署可以产生简单的数据报告或可重复进行数据挖掘过程。客户可以把实践的结果反馈给技术人员，并进一步对模型进行修订。

第四节 大数据分析与挖掘技术在旅游管理与服务中的应用

在信息化迅速发展的今天，智慧旅游的建设与发展离不开大数据，只有依托对海量数据的分析和挖掘，才能使旅游行业的管理与服务"智慧"起来。所以，利用大数据分析和挖掘技术，与旅游产业的特点进行有效的对接，挖掘旅游大数据蕴含的商业价值至关重要。目前，大数据技术在旅游消费者需求调查、旅游市场开发、旅游产业管理、旅游商业模式运行等方面具有较大的商业需求，较为成熟的大数据存储分析和处理技术在商业应用中发挥了重要作用，如旅行团队行程报表生成与查询，旅行大数据挖掘、分析与建模预测以及景区景点数据的可视化等均已经产生重要的商业价值。

一、旅游大数据技术的商业价值

旅游大数据中的关联数据较多，旅游信息往往隐含在旅游相关的互联网企业和电信运营商网络平台中。旅游运营商需要长期地、充分地挖掘和分析游客、旅游者行为及其旅游活动轨迹，发现其中的商业价值，实施精准营销，改善旅游用户体验，并为中小旅游企业或更多需要旅游大数据信息的旅游关联部门和行业提供服务，这是旅游大数据商业化的基础。

旅游行业大数据分析在旅游行政主管部门、旅游企业部门和游客三方面的商业价值主要体现在如下几个方面。

（一）旅游行政主管部门：智慧监管

旅游行政主管部门是旅游市场稳定与健康繁荣发展的主导力量，肩负着合理分配、充分利用和保护旅游资源，加强旅游基础与服务设施的建设，提高旅游从业人员素质，维护游客权益，确保旅游市场的平稳运行，促进旅游产业蓬勃发展的历史使命与责任。

政府拥有旅游大数据分析结果，便可以准确预知旅游市场的现状与未来发展趋势，进而采取相应的措施，加强目的地宣传与促销，开发游客喜欢的旅游产品，并适时推出游客需要的公共旅游产品和公共旅游服务，进而改进与提高政府旅游公共服务的能力，为促进旅游市场繁荣创造条件。

现代实时、高效、互联、互通的可视化大数据分析结果，为旅游行政主管部门的旅游市场决策提供了重要的辅助工具，彻底将管理者个人的经验管理和直觉管理转变成为计算机智能化辅助决策管理。

大数据对政府旅游行政主管部门的作用还体现在旅游行政监管的有效性上。传统的旅游行政监管由于技术手段落后只能进行事前预防与事后监管，对于旅游市场出现的问题不能进行及时准确且科学的管理。大数据应用可以全面、实时地监控旅游市场与旅游企业服务质量与服务水平，并能及时、全面地对旅游决策管理措施进行效益与效果分析，对国家和地方旅游宏微观经济效益进行评估。大数据还更广泛应用于政府旅游主管部门对旅游交通状况和天气状况的实时把握，解决旅途拥堵、旅游突发事件处理，最大限度地降低旅游风险所带来的影响。

（二）旅游企业：智慧营销

旅游企业是旅游产品与服务的创造者与实施者。对于旅游企业而言，能否为旅游细分市场提供最佳的旅游产品与服务、采取最佳的营销策略是创造综合旅游经济效益的前提。利用旅游大数据分析平台，结合人工智能技术与相关的大数据管理系统，可以为旅游企业进行旅游市场决策提供更加精确与快速的技术支持服务。最主要的成果就是精细化运营，即根据游客偏好推送个性化的内容。大数据平台会根据游客日常旅游信息搜索习惯，选择邮件等途径推送广告信息，同时根据其搜索关键词，精准推送同类型旅游产品服务。

此外，旅游大数据还可以直接或间接为旅游企业提供商业咨询与服务。旅游大数据运营商将收集到的数据进行整合处理，逐步存储旅游数据信息文件，分项逐步扩展到旅游大数据聚合平台，提取旅游客流与旅游时空分布特征大数据分析结果，实时评估旅游服务水平和服务质量，为旅游景区提供景点与服务场所选址决策参考，为缓解并快速响应景区拥堵、提升游客旅游体验提供解决方案。

（三）游客：智慧服务

游客是旅游市场的主体，也是旅游产品品质与服务的最终检验者。现代旅游企业特别是大型饭店均建立了游客档案资料，而旅游大数据平台则可以更好地对游客进行旅游消费行为与习惯的大数据分析，为游客量身定制旅游消费以及旅游保险产品服务。比较好的例子是旅游网站上的个性化推荐，即"个性化定制服务"，如果一个游客在网站上搜索古镇资讯，那网站就会自动向该游客推荐其他相关的古镇资讯供游客比价选择。

游客可以利用旅游企业与行业主管部门提供的旅游网络平台，及时获得旅游产品、价格、消费、环境、交通等信息和服务，比如游客在前往旅游目的地时，可通过景区提供的大数据资讯实时了解景区内部的客流量及交通等信息，及时调整和安排行程，真正实现便捷、个性化旅游活动安排，享受想走就走、想玩就玩的个性化旅游。

大数据分析正在快速从商业智能向用户智能发展。随着更多的旅游企业大数据业务的增加，游客从中可以获得更多、更好、更完善的旅游消费体验。

二、旅游大数据分析与挖掘技术的应用

（一）游客消费行为数据收集分析

数据挖掘所获得的旅游活动信息、旅游潜在市场、旅游的满意度等内容，都是在游客的消费行为数据收集的基础上分析获得的。因此，定位、筛选这些信息，并实现高效、科学的收集成为大数据运用的重要前提。大数据的分析即为大数据挖掘的处理过程，是实现数据挖掘的必要手段，如何选取大数据的分析路径和方法对于提升大数据挖掘的分析结果等具有重要意义。

旅游消费行为大数据收集在数据采集中心完成数据配置、获取与处理、数据提取与信息加工一般有多种方式，如多点异构采集、多信号协同处理等。

1. 游客消费行为及旅游消费行为大数据

旅游消费行为一般是指旅游消费者为了满足自身在旅游过程中的整体需求，所表现出来的旅游购买动机及对旅游产品、旅游服务等旅游消费的选择喜好、获取享受、评价处置与决策计划等行为特征。

根据不同的游客消费行为可以将游客分为不同的消费类型，如观光游客、自驾游客、探险游客、休闲游客、娱乐游客、自由行游客、团队游客等。还可根据游客群体的地理来源、社会经济状况、人口统计因素、心理状况、行为状况细分为不同的旅游细分市场。

旅游消费行为大数据是指游客为满足其欲望、需求的产品或服务而开展的各项活动，时间跨度涵盖了游客产生旅游动机，到计划、预定、开展旅游活动、旅途后等各个环节。比如游客是否认为其消费的旅游产品是自己想要的并且物有所值，旅游产品或服务的价格是否合理，旅游产品是否符合旅游者审美要求；旅游决策前，旅游服务的质量是否有保证，旅游体验过程中旅游产品与旅游服务是否存在需要改进的地方，以及顾客的理想状态；对于实物的旅游产品，了解消费者购买的目的；对旅游产品价值与使用价值的基本判断，如精致小巧、携带方便；包装环保，简洁大方；价格合理，质量可靠；旅游产品品牌价值大小，作为礼品或实用性的意义大小等。

根据数据分析的需要，对游客消费行为细分可以有其他不同的形式。如购买旅游产品意愿状态下的消费行为，可分为准备购买、不想购买、已购买等行为；如对旅游产品态度下的游客消费行为，可分为热情、忠诚、漠不关心、敌视等行为；如购买次数下的游客消费行为，可分为没有购买、购买一次、购买二次以及多次购买等行为；如游客环境消费理念下，可将游客消费行为分为绿色环保生态游客、普通游客与破坏环境游客等。

2.游客消费行为数据收集

旅游消费行为数据的来源包括消费者在旅游网站上的注册资料、电子门票，以及消费记录、微信、博客、电子邮件调查、探头摄像记录等。通过旅游大数据的分析挖掘，让更多的旅游企业从中发现旅游商机，生产更多物有所值或物超所值的旅游产品，设计更多人性化的旅游线路，以引导游客科学合理地完成旅行与游览。

游客消费行为数据收集主要通过以下几种途径与方式进行：

（1）直接通过旅游者消费行为抽样调查数据采集云平台

旅游科技网络公司或相关的政府旅游机构与大型旅游企业一般拥有云计算架构的一体化定量数据采集平台，该平台系统包括旅游大数据调研中心、旅游大数据调研应用服务器，可以将通过移动互联网、电子邮件、电话、信函等采集到的数据，在统一数据管理、样本管理、用户管理以及认证与权限管理等方式下，集成存储到相应的数据库中，并连接具有数据存取的API接口。

（2）旅游大数据分析平台智能机器调研系统

计算机智能调研系统可以对旅游相关的网络信息，以在线或离线方式进行当面访谈和网络调查与数据采集，并支持相应的游客访问图像、录音、位置、过程等自动记录监控与自动上传数据调查，还可对各种网络参数和来源进行统计分析，并支持IP地址与相关设备限制，以及监控网络问卷发布方式和数据质量。计算机人工智能系统可以利用电话调查自动拨号，电话号码随机生成和抽样，可以对电话语音进行识别。在数字或模拟方式下，通过对访谈的电话进行全程录音监控与播放，多种形式发放网络问卷，如邮件或发送、社交网络媒体发布、在线填写等。

（3）旅行线路与位置等图像信息采样系统

在旅游大数据分析平台中，对游客旅行线路与位置进行实时跟踪调查非常重要。因为旅游即旅行与游览，游客的空间位置影响到旅游目的地或旅游景区的旅游状况，如交通与游览活动是否拥挤、通畅，这直接关系到游客旅游的满意度与各级管理部门的管理水平高低。旅游大数据可以利用在线的Web GIS的地理信息系统进行样本采集与管理，可以在线对游客的游览轨迹与分布、旅游景点旅游状况进行绘图并进行图像展示，为调查统计景区容量、景区旅游活动规律与游客满意度创造条件。

（二）旅游大数据分析与系统化的顾客管理

旅游网站、旅游企业、旅游大数据服务机构对旅游大数据的分析需要开展的工作非常多。一方面，通过对游客对旅游产品与服务的需求意愿、旅游消费过程、旅游消费过程中的评价等消费者行为特征进行系统的分析，发现旅游产品和旅游服务中存在的问题，寻找解决问题的途径，提供更便捷的服务，最大限度满足游客个人旅游消费的意愿，提升游客满意度。另一方面，分析不同家庭收入游客、不同职业身份、不同客源地、不同出行方式的游客的购买和消费行为，从中发现旅游资源分布、旅游基础服务设施、旅游交通与旅游指示牌、服务水平与服务意识等方面与旅游消费需求之间的差距，及时改进，提高旅游企业与旅游产品的竞争力。同时，通过旅游大数据的分析，有针对性地结合客源市场状态与游客消费行为，提供优质多样的旅游产品，制定合理的旅游服务价格体系，满足各种层次与各种类型的游客的旅游消费需求，真正实现游客、旅游企业与地方经济发展三者利益的统筹与最大化。

1. 对游客个人与群体行为进行预测，提高旅游服务质量与服务水平

旅游大数据分析平台可以通过电子门票、磁卡、手机扫描传感器、网络实时调查等技术和手段，获取游客个人和消费者群体的行为信息，通过大数据挖掘与分析，对游客消费行为加以了解，对游客个人与群体行为进行预测，加强对游客期望的引导，针对不同细分市场的游客进行个性化与量身定制的旅游产品服务与设计。为喜爱大自然与绿色出行的游客提供更好的接近大自然的景点景区，为经济型游客提供更多、更丰富的旅游产品，为喜爱个性化出行的游客提供有针对性的旅游项目与内容。

旅游大数据平台还可以对旅游团队的群体行为进行分析预测和景区人流量预测，便于不同收入、不同文化背景与不同兴趣爱好的游客组建合适团队、选择与采购恰当的目的地旅游产品，并即时根据景区人流量预测调整旅游团队服务方案，加强对旅游消费行为的管理，提高旅游服务质量与服务水平。

2. 充分分析酒店、旅游娱乐场所等企业游客消费数据，提升客户管理水平

酒店、旅游娱乐场所是信息化最早的领域之一。智能化的酒店预订系统，房务管理系统，饭店销售、后勤服务与保障运营系统在企业得到了广泛的应用，积累了大量的游客消费数据。通过对顾客档案的统计分析与管理，可以预测未来一定时间内的客流量等信息，便于合理安排相应的资源，提出有针对性的、个性化的服务措施。

3. 旅游服务产品精细化运营与营销传播

旅游服务产品精准营销的目标就是用最少的钱，选择最正确的旅游产品与服务，在最合适的地方，给最需要的游客，以达到最佳的效果。现代旅游大数据分析由于大数据收集、存储、分析、查询服务等环节技术手段的现代化，使得数据分析信息的价值越来越大，数据的丰富性和细致性更加突出，

信息数据的可信度、精确性、实时性、实用性与科学性也大大提高，使得现代旅游企业进行精准化营销与运营管理成为可能。

旅游企业对客户行为的洞察能力在大幅提高，从而可以有针对性地根据目标客户的特点，提出相应旅游需求的产品设计与营销方案，使得产品与客户需求更加匹配。旅行社和旅游网络等运营商也可以根据游客在旅游过程各个阶段的历史与现实表现与意见，及时识别与捕捉营销机会，提出相应的营销策略，提高营销管理的灵活性与可操作性。

（三）游客流量实时监测与数据统计分析

旅游活动的安全保障是旅游活动顺利开展的前提条件，特别是上海跨年踩踏事件之后，旅游景区的大客流管控成为旅游安全生产的重中之重。国家旅游局制定了《景区最大承载量核定导则》，指导全国旅游景区开展最大承载量核定工作。

旅游客流量是指在单位时间内特定空间所形成的旅游人数规模，它是旅游景区经济效益和承载力估算的重要依据，同时，对旅游流量预测也是旅游景区旅游规划重要的前提条件之一，增加旅游景区游客数量，提升游客所产生的经济与信息效益是旅游景区管理的基本任务。而旅游大数据技术在推动景区旅游监管监测方面发挥了特有的作用。

目前我国现有的与游客流量显示有关的大数据统计系统主要包括国家旅游局目的地营销系统平台、国家旅游局旅游统计系统、全国黄金周假日旅游预报系统。这些数据涵盖了旅游目的地各旅游企业的经营数据、财务数据、目的地各类旅游产品的相关数据、目的地游客信息、游客参加假日旅游活动信息、目的地各级旅游管理部门的统计数据、全国假日办黄金周全国旅游接待数据、交通客运数据等。这些旅游信息数据分布于多个异构的数据服务器和几个相互独立的业务系统中，信息数据规模大、结构复杂、功能综合、因素众多，具有典型的海量、多维、异构、分布式特征，而隐藏在其中的规律用常规的技术手段很难发现。因此，采取大数据挖掘手段对假日旅游信息进行处理势在必行。

1. 旅游景区游客流量实时监测的方法与手段

旅游景区的客流量控制包括景区内游客总量的控制和各个景点的客流量监测控制，前者直接通过电子门票技术等就可以轻松获取当前景区内游客数量，后者主要通过图像识别、交通车流与道路状况的实时监控等获得游客流量强度、流量变化节律、流量流向等。

旅游景区游客流量实时监测分析平台主要发挥对游客流数据多方的融合、

实时监测、目标识别、客流量评估和客流的态势分析预测等，对旅游大流量数据实现实时化的分析处理，为旅游景区游客的流量管控提供真实可靠的信息，实现旅游大数据的信息化服务。

2. 旅游景区游客流量数据统计分析与应用

旅游景区游客流量的统计分析可以是基于 R 的在线统计分析工具，提供在线编码转化、数据集筛选、描述性统计和高级统计分析功能。其中高级统计分析功能集成了分类统计模型、连续变量模型、顺序变量模型等主流统计模型，可呈现各类分析的复杂数据图表。

（1）依托大数据统计景区客流量，实现游客分流与预警。旅游景区通过电子门票等技术，轻松获取景区内当前游客数量，当游客数量超过景区最大承载量时就可以采取停止售票、放缓售票等方式进行相应控制。通过图像识别，获得游客流量强度、流量变化规律、流量流向以及交通车流与道路状况的实时监控，实现对旅游流时空分布的可视化与图像数据处理，及时发现与解决景区内外交通拥堵，并对游客流实行管控和疏导。

（2）依托大数据分析景区内游客流量规律，对景区开展市场营销具有参考价值。通过支付宝、二维码以及个人身份证件、图像传感器、移动设备等统计游客进出景区或旅游点的次数、逗留时间、分布特点，以及购买相关旅游商品的信息，并依据个体特征数据对所有进入园区或景区的游客群体进行区分，通过大数据进一步分析相应的游客群体客流量规律，实现游客流量数据的分类统计。具体来说，景区可以获得客源市场所在地，游客的年龄、性别、消费能力等，以进一步细化市场定位。

（3）依托大数据分析，获得游客体验的反馈信息，提升景区管理服务水平和经营效益。通过语音、短信、视频、呼叫中心、二维码等智能调查系统，对景区游客满意度进行调查，获知游客旅游消费的偏好，进而部署服务改进措施，调整旅游景点开发与布局，发掘新的旅游景点与景区游客数量增长点，拓展旅游景区收入。

（4）依托大数据对数据的整合能力，还可进一步从多方渠道获取旅游景区的环境质量、污染物、光线强度、气压风速、气流与负氧离子状况、气温、降水等信息，实时发布，提升景区的旅游公共服务水平。

第三章　中外旅游市场管理

第一节　旅游市场体系与机制

　　旅游市场体系即旅游市场内部各种运行要素的有机组合体系，具体指在市场经济条件下，构成旅游市场的需求、供给、产品和其他要素在时间和空间上有机结合的动态体系。旅游市场体系是一个系统性、动态性和发展性的概念，随着现代旅游的发展而不断演进、变化和优化，因此，必须正确把握旅游市场体系的内容和变化趋势。

　　旅游市场机制指旅游市场交换双方在交换活动中形成的相互影响、相互制约的内在联系形式，具体指各旅游市场主体进行经济活动而形成的供求、价格、竞争、风险等要素有机结合、相互影响、相互制约的运动过程，表现为供求机制、价格机制、竞争机制、风险机制的共同作用过程。

　　旅游市场体系与机制既有一般市场的共同特征，又有符合旅游市场的特殊性。下文将比较分析国内外旅游市场体系与机制。

一、国内旅游市场体系与机制

（一）国内旅游市场体系与机制发展现状

1. 国内旅游市场需求呈现不断扩大的趋势

　　随着国民收入的增加和人民生活水平的提高，越来越多的国人加入旅游活动中来，国内旅游蓬勃发展，势头喜人，入境旅游在竞争激烈的条件下也出现稳中有升的势头。目前，国内旅游市场消费群体正在形成并不断扩大，构成了一个庞大的旅游需求和消费市场。

2. 国内旅游市场秩序规范进程加快

　　随着社会主义市场经济的发展，国内旅游市场体系在逐步完善，全国各地旅游行业和管理部门针对旅游市场中某些不合理、不规范的行为,正加大力度进行整治,切实加强规范化管理。

3. 国内旅游市场需求呈现多样化、多层次性

我国幅员辽阔、山川秀丽,多数景区很早就已经着手开发各类旅游资源和旅游产品,使得我国旅游资源和旅游产品不断丰富。同时,国内旅游产品的替代效应极强,对旅游者来讲,增加了较多的可选择性。特别是由于社会经历、经济收入、个人兴趣爱好、受教育程度、职业、性别等的不同,使旅游者表现出不同的市场需求,而且这种市场需求随着旅游者要求的变化而变化,呈现出多样化和多层次性。

4. 国内旅游市场东西部差异日益缩小

过去由于历史、地理、自然、交通、政策等诸多方面因素的影响,国内旅游市场在发达程度方面存在较大的差异性,沿海优于内地,东部优于西部,国内外旅游者感兴趣的主要是早已名闻天下的旅游景区和景点。随着科学技术在旅游业中的运用,信息传递加快使旅游者想进一步了解曾经不为人知而富有新奇感的新景点;交通运输现代化缩短了空间和时间距离,加之观念的变化,越来越多的旅游者想去寻找从未开垦的神秘世界。与此同时,内地、西部不发达地区对旅游业的重视、对旅游投入的加大,使其与发达地区在硬件方面的差距不断缩小。

5. 国内旅游市场竞争呈现多角化

过去,国内旅游市场的竞争基本是同行业中企业之间的竞争,由于当时饭店、旅行社数量和服务项目的供不应求,使这种竞争在一定程度上带有垄断竞争的性质。随着旅游业在各地的兴起,各类旅游饭店拔地而起,旅行社如雨后春笋般涌现,国内旅游市场竞争加剧。目前,国内旅游市场表现为多方位和多角化竞争,竞争不仅来自行业内部,更来自各行各业,有潜在竞争者的竞争,也有替代产品的竞争等多个方面。这是国内旅游市场呈现出的新情况,表明今后国内旅游市场竞争将日益复杂化、多角化,要求旅游企业从长期的战略高度考虑营销问题。

(二)国内旅游市场体系与机制存在的问题

1. 国内旅游市场混乱无序

我国旅游业取得了巨大的成就,但在其蓬勃发展的同时,旅游市场体系与机制存在诸多问题,其中旅游市场秩序混乱为全社会高度关注,这其中涉

及旅游消费者、旅游经营者的切身利益，管理起来也最棘手。

目前，国内旅游市场秩序混乱主要表现为：①部分旅游经营者无证照，利用格式合同模糊承诺，在旅游交通工具、酒店、景点约定内容上打折扣或设置陷阱，欺骗消费者。②旅行社由个人承包或挂靠，掠夺性经营，买团卖团，默许导游以种种理由临时更换或增加观光景点，巧立名目乱收费；一些大的旅行社牺牲信誉卖招牌，盲目扩张，把信誉差的小旅行社收归旗下，超低价竞争，扰乱市场。③一些出国游组团社以"零团费"引诱游客上钩，到国外肆意增加自费项目，逼迫游客就范。④一些旅游景区（点）的游览、购物、餐馆服务水平差，假冒伪劣现象突出，市场秩序混乱；商品粗制滥造，价格虚高。⑤一些旅游企业欺客宰客、强买强卖、私拿回扣、索要小费、强迫购物、尾随兜销的现象时有发生，等等。

2. 国内旅游市场管理体制尚待规范

我国旅游市场管理体制不规范，存在多头管理、职责不清等问题。首先，国内旅游景区景点所有制隶属关系多元，政出多门，如风景名胜区归建设部门管理，自然保护区归林业部门管理，地质公园归国土资源部门管理，文物遗址、博物馆归文化部门管理，海滨水域、岛屿归海洋渔业部门管理，这些部门都有相应的职责和权力，在管理过程中，各部门互相争夺利益，对义务互相推诿，管理难度增大。其次，国内大多数县级旅游局是事业单位，没有独立的旅游行政管理权和旅游法规执行权，而我国80%左右的世界遗产地，国家级、省级旅游景区都在县级行政区域内，因此，县级旅游局在旅游行政执法过程中常常因权力缺失而造成管理上的困难。

3. 国内旅游法制法规建设滞后

随着旅游业的迅速发展，我国旅游法制法规建设取得较大进展。1985年5月11日国务院颁布第一个关于旅游业管理的行政法规《旅行社管理暂行条例》后，《导游人员管理条例》《中国公民出国旅游管理办法》《风景名胜管理暂行条例》《中华人民共和国自然保护区条例》等行政法规陆续出台。另外，各省、自治区、直辖市地方旅游法制建设也取得突破性进展；原国家旅游局、公安部、交通部等部门在旅游饭店管理、旅游交通管理、旅游安全管理、旅游纠纷管理等方面也颁布了一系列部门规章、国家标准和规范性文件，使旅游法制建设覆盖范围日益扩大，旅游法规、规章粗具规模，旅游行业管理由行政化向法制化转变。

国内旅游业立法工作虽然取得了一定成效，但在旅游产业迅猛发展、旅游管理问题层出不穷的今天，这一工作仍远远落后于社会主义市场经济和国

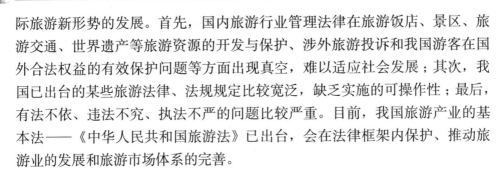

际旅游新形势的发展。首先，国内旅游行业管理法律在旅游饭店、景区、旅游交通、世界遗产等旅游资源的开发与保护、涉外旅游投诉和我国游客在国外合法权益的有效保护问题等方面出现真空，难以适应社会发展；其次，我国已出台的某些旅游法律、法规规定比较宽泛，缺乏实施的可操作性；最后，有法不依、违法不究、执法不严的问题比较严重。目前，我国旅游产业的基本法——《中华人民共和国旅游法》已出台，会在法律框架内保护、推动旅游业的发展和旅游市场体系的完善。

（三）国内现代旅游市场体系与机制的建立

现代旅游市场体系与机制由旅游市场组织结构系统、旅游市场运行机制系统和旅游市场调控管理系统组成。

旅游市场组织结构系统是旅游市场体系与机制的主体和载体，如果缺乏各种具体形式的市场结构和市场组织，旅游市场体系与机制则成为无源之水、无本之木。其包括旅游市场结构和旅游市场组织两个子系统，旅游市场结构指构成旅游市场的各种具体形式，由旅游商品市场、旅游产品市场、旅游目的地市场等若干个微观市场组成；旅游市场组织即旅游交易活动的主体，主要包括旅游经营性组织和中介组织。旅游市场运行机制系统是旅游市场体系与机制的功能系统，主要由旅游市场的价格机制、供求机制、竞争机制组成。如果把旅游市场组织结构系统比作旅游市场体系与机制的形式与躯体，旅游市场运行机制系统则是旅游市场体系与机制的灵魂。建立健全一个反应灵敏、运作规范、富有成效的旅游市场运行机制，是旅游市场体系与机制建设的必然要求。旅游市场调控管理系统主要由宏观调控子系统、微观调控子系统、市场法规子系统组成，它是旅游市场体系与机制的"调控器"，通过调节旅游市场各种要素流量控制旅游市场运行偏差，维护旅游市场交易秩序，保证旅游市场平衡发展。

国内现代旅游市场体系与机制的建立措施主要包括：

1. 完善旅游市场的组织结构系统

（1）健全旅游市场结构子系统

一要协调发展旅游市场。我国旅游业蓬勃发展，三大市场基本形成，国家制定了"大力发展入境旅游、规范发展出境旅游、全面提升国内旅游"的方针，以求形成共同繁荣、相互促进、协调发展的旅游市场格局。建立现代国内旅游市场体系与机制，需要大力发展入境市场；通过巩固发展周边市场、努力开拓欧美市场、重点开发新兴市场的战略来提升效益，培育新的客源增长点；全面提升国内市场，开发适应市场需求的各类旅游产品，提高产品档次，重点推进度假旅游产业发展，适应旅游消费结构的变化。

二要提升旅游产品市场和目的地市场档次。国内旅游资源丰富，但旅游产品开发层次低，仍以观光旅游为主，不能满足社会要求，应在此基础上，首先，加快休闲度假旅游的发展，不断推进滨海旅游、温泉旅游、冰雪旅游、健康旅游、体育旅游、森林旅游等休闲度假产品开发，加快城市周边休闲度假带的建设；其次，在满足大众旅游需求的同时，重视高端旅游产品的需求，鼓励有条件的地区积极发展会展商务、邮轮游艇、文化体验、科考探险等有潜力的旅游产品；再次，加快红色旅游、生态旅游、科教旅游、工农业旅游等专项旅游产品的开发；最后，积极开发具有市场潜力的新产品，引导自驾车旅游、房车营地、旅游网站、旅游传媒、旅游俱乐部、网上交易等旅游新业务的发展，不断提升旅游产品的文化、科技含量以及趣味性和吸引力，努力构建现代旅游产品市场。

我国疆域辽阔，各省区市因纬度、地理、历史禀赋不同而自然风景、民俗风情各异，旅游目的地众多且各具特色，旅游吸引力强。我国应在不断完善旅游交通、水电、通信、卫生安全等基础设施的基础上，提升旅游景区景点的品质，打造一批具有世界影响力的旅游目的地品牌，推进旅游目的地市场的发展和完善。

三要建立繁荣昌盛的旅游商品市场。随着社会主义市场经济体制的初步建立，我国商品市场快速成长，多层次的商品市场体系基本建成，初步形成了布局合理、结构优化、功能齐备、制度完善、现代化水平较高的商品市场体系。然而，在品种众多、琳琅满目的各类商品中，旅游商品所占比例非常小，且雷同现象严重，无特色，在旅游者旅游消费支出中，旅游购物比例很小。因此，应大力发展旅游商品，形成地方特色产品系列、文化特色产品系列、民族特色产品系列、实用特色产品系列和高技术含量产品系列，构建旅游纪念品体系，推进旅游商品产业化发展，并建设一批符合市场需求、具有地方和文化特色、让游客信得过的旅游商品基地和旅游购物场所，举办中国旅游投资洽谈会和旅游商品博览会等活动，不断提升旅游购物消费水平，建立繁荣昌盛的旅游商品市场。

（2）健全旅游市场组织子系统

一要规范发展旅游经营性组织。旅游业是一项综合性强、关联度大的服务产业，涉及交通、水电、邮电、通信、林业、建设等部门，其中，与旅游业关系最密切的经营性企业为旅游交通、旅行社和旅游餐饮、住宿等旅游要素。首先，进一步发展旅游交通业，通过不断完善国际航线布局和国内支线机场建设、提高铁路客运服务质量和舒适度、完善高速公路服务体系和加快旅游景区的支线公路建设等途径，建立方便、快捷、舒适的旅游交通网络，以适应国际国内旅游市场的发展；其次，不断提高旅行社行业素质，通过网络化经营和集中经营的途径，走强强合作之路，扩大市场规模和企业规模，提高服务质量；最后，不断提高旅游餐饮、住宿行业素质，提升旅游酒店的服务质量，发展经济型酒店连锁经营，适应旅游大众化发展。

二要重视旅游人才等要素市场建设。产业之间的竞争是人才的竞争，旅游人才是旅游业发展的关键，要建立完善的国内旅游市场体系与机制，必须高度重视旅游人才市场的建设。首先，要加大旅游高素质人才培养开发力度，重视中高级人才培养，建立健全旅游行业人才激励机制。例如，加快培养旅游行政管理人才、旅游企业经营人才、旅游专业技术人才和旅游服务技能人才，抓好导游队伍和旅游职业经理人队伍建设，等等。其次，建立多层次的旅游教育培训体系，大力发展职业教育，广泛开展岗位培训，全面提升旅游从业人员素质。最后，加强与教育部门合作，整合各类社会教育资源，促进旅游学科优化，推进旅游院校建设，加强旅游基础理论和重点课题研究，推进旅游人才的社会化培养和专业化管理。

旅游业是一项关联度大的产业，与各行各业都有不同程度的联系，因此，推进旅游技术市场、旅游资本市场、旅游信息市场等要素市场的发展，才能满足旅游业的需要。

三要加快发展旅游市场中介组织。随着政府职能转变、社会主义市场经济的发展和旅游业的壮大，旅游中介组织的作用日益凸显，成为连接旅游市场行政管理部门、旅游经营企业与旅游消费者之间的桥梁。目前，我国的旅游中介组织与市场经济中存在的中介组织可以重合起来，例如，会计师、审计师事务所，律师事务所，公证和仲裁机构，信息咨询机构，各种行业协会、商会等自律性组织，它们在为市场经济活动服务的同时，也在为旅游业服务。因此，加快专业化的旅游市场中介组织，如旅游咨询机构的建设，具有特别重要的意义。

2. 完善旅游市场运行机制系统

市场机制是市场体系的重要组成部分，是连接社会经济活动各个环节，并促进其有效运转、顺畅流通的纽带。旅游市场机制是多元市场构成的运作体系，由价格机制、供求机制、竞争机制三大基本要素组成，并通过三者相互联系、相互制约，共同产生作用，促进旅游市场体系正常进行。

旅游市场价格机制是旅游市场运行的核心，是最重要的运行机制，具有传递信息、配置资源、提供竞争与激励、调节收入分配等功能。它既是反映市场运行的晴雨表，又是调节市场活动最重要的经济杠杆。旅游市场供求机制在维护市场平衡方面发挥作用，在供求的矛盾运动中，引起价格围绕价值上下波动，最终达到市场均衡。旅游市场竞争机制是整个市场机制中不可缺少的组成部分，旅游市场的经营性企业通过竞争实现优胜劣汰，达到利润最大化，促进旅游企业不断改进技术，提高服务质量，从而实现旅游市场服务水平的整体提升。旅游市场运行机制在旅游市场体系中的作用犹如人体中的经脉，任何一方面的变化都有可能引起其他方面的连锁反应，而市场机制的盲目性就能引发市场体系处于混乱状态。因此，完善旅游市场机制运行系统具有非常重要的意义。

3. 完善旅游市场调控管理系统

一要健全旅游市场宏观调控和微观管理子系统。市场机制虽然在配置资源等方面发挥基础性作用，但它不是万能的，市场机制的失灵和缺陷、国内旅游市场中的秩序混乱和市场管理不规范等问题，都需要政府的宏观调控和微观管理，才能最大限度地减少损失。

旅游市场的宏观调控可通过政府运用计划、信息、经济、法律和行政等各种手段引导、调节和控制旅游市场的总体运行，对现代旅游市场经济进行指导和调节，以保持旅游经济总量平衡，促进旅游经济结构优化，提高旅游经济效益。旅游市场的微观管理指对旅游市场进行自律性管理和行政监控管理等，防止旅游市场中发生不正当的交易行为，消除不正当竞争，维护旅游市场秩序，维护消费者和经营者的权益。需要强调的是，国家的宏观调控和微观管理应是在旅游市场机制发挥作用的前提下的调控和管理；同样，旅游市场机制作用的发挥也需要国家宏观调控和微观管理的协调，二者双管齐下，才能保证旅游市场的有效运转。

二要建立较为完善的旅游法规和行业标准子系统。旅游业是多部门合作、多行业协同、多产品组合的综合性产业，关系、矛盾错综复杂，必须建立相配套的旅游法规和行业标准体系，公平公正地解决旅游市场的矛盾和纠纷。首先，加强旅游法制建设。认真贯彻《旅行社条例》，营造旅游部门切实依法行政、旅游企业严格依法经营的法制环境；进一步推进《导游人员管理条例》和《中国公民出国旅游管理办法》的修订，开展旅游综合性立法调研论证；加强旅游执法队伍建设，提高旅游执法的能力和水平。其次，加强旅游标准化工作。旅游标准是旅游业的技术法规，它的制定和实施对旅游服务水平的提升和旅游市场的规范具有特别的意义。

二、国外旅游市场体系与机制

（一）法国旅游市场体系和机制

旅游业一直被法国政府放在优先发展的位置。法国已建立起一整套从中央到地方的旅游促进机制，负责对外推广法国旅游形象的国家机构是法国旅游发展署，各大区、省和市镇都设有旅游委员会、旅游局或旅游办事处，专司当地的政策制定和旅游促销，并为游客提供实用服务。法国目前仍以 8300 万的游客接待总数保持全球第一大旅游目的地国的地位，这一成就与法国成熟的旅游机制密不可分。应该说，旅游市场体系在法国处于良好的运转状态。

从政府层面来看，法国手工业、商业和旅游部作为政府机构，执行与手工业、商业和旅游业相关的政策，并对这 3 个行业行使监督、赋予权力等职能，因此，它是管理法国旅游业的级别最高的第一机构。在手工业、商业和旅游部的部长办公室，设有一个专门负责旅游事务的顾问职位。法国工业、服务业及竞争力总局（以下简称竞争力总局）由法国生产振兴部与手工业、商业和旅游部共同管辖。法国政府机构编制的特点之一为，司局级单位是承担某一政府职能的可独立运行并可随时被组合归并到某一个部的实体机构，但是由于竞争力总局属于无法被精简的政府职能机构，因此，竞争力总局实际操作旅游政策制定与管理整个旅游行业，总局下辖的旅游商业手工业和服务业处基本不受政府更选影响，长期稳定负责旅游业事务。

从行业管理方面来看，法国旅游发展署的使命被用法律的形式确定了下来，它的主要任务是提升法国的魅力，使法国成为无论游客数量还是旅游收入都当之无愧的世界第一旅游目的地国。法国旅游发展署内部设立了很多个工作团队，也称作"俱乐部"，任务是合理地将目的地的优势转化为资本，比如，美酒与旅游俱乐部、会展旅游俱乐部、山地旅游俱乐部、海外旅游俱乐部、城市旅游俱乐部。这些俱乐部与分布在全世界日常运作的 35 个办公室紧密相连，共同致力于有针对性和实效性的旅游营销活动。旅游发展署是作为一个利益共同体的形式存在的，在法国旅游业具有非常大的影响力。另外，法国行业类组织十分强大，有多个肩负不同使命的旅游类行业组织。

在旅游市场运转过程中，除了以上政府的宏观调控和各种行会、协会、同盟、联合会等行业组织的协调之外，法国采用法规管理的方式来规范旅游市场，其法规内容细致，从政府部门职能、行业组织使命到自然公园的管理规则，都可以找到对应的条文，从而保证了法国旅游市场的有序合法运转。

（二）西班牙旅游市场体系和机制

1. 西班牙国内旅游市场体系的特点

西班牙国内旅游的需求主要源自马德里、加泰罗尼亚、安达卢西亚和瓦伦西亚地区的游客。游客大多利用复活节、周末或节假日连休的时间出游，旅行目的地多集中在地中海沿岸以及西班牙北部的海岸。通常，西班牙人在国内旅游时不是事先预订，而是到目的地后与旅行提供方直接联系。关于住宿，西班牙人大多不选择住在酒店，而是下榻家庭旅馆、朋友家或自己在国内的第二住所。总体上讲，西班牙国内游市场凸显季节性需求，尤其是暑假期间国内游市场火爆。不过，西班牙位于大西洋上的加纳利亚群岛是个例外，那里的旅游市场一年四季不分淡旺季。值得一提的是，近些年来随着人们休假时间更分散以及老年人的夕阳游等形式的出现，西班牙国内季节性扎堆出游的现象有所缓解。

2. 西班牙国内市场存在的问题及应对策略

西班牙旅游的一大永恒主题是"阳光和海滩"，但旅游市场的单一化以及西班牙人度假时间的过度集中化，造成了西班牙国内季节性旅游消费拥堵现象严重。为迎接此挑战，西班牙国家旅游管理部门制订了相应的调整计划，如加强内陆地区、山区游、第二住所游等景点的开发，对于钟情地中海沿岸的游客还开发了西班牙北部坎塔布里亚以及西北部大西洋等地的海滨景点，以供其选择。

第二节 旅游市场竞争与结构

旅游市场竞争指旅游商品经营者销售旅游商品时，相互争夺旅游消费者，以求得旅游消费者和社会的承认，从而实现旅游商品价值的经济活动。一方面，旅游市场竞争可以促进旅游企业提高效益；另一方面，旅游市场竞争可以更好地满足旅游者的需求。

旅游市场结构指旅游产品在供给和需求之间，亦即旅游目的地和旅游客源市场之间所形成的数量规模与比例关系。因此，研究旅游市场结构，重点是分析旅游需求结构、旅游供给结构以及旅游供求协调结构等方面。通过旅游市场竞争与结构的研究，能够进一步明确旅游目标市场，正确进行旅游产品和市场定位，有计划、有步骤地拓展市场。下文将比较分析国内外旅游市场竞争与结构。

一、国内旅游市场竞争与结构

（一）国内旅游市场竞争与结构的现状分析

1. 国内旅游市场低水平竞争现象严重

国内旅游业产品同质化程度高，旅游企业对新产品开发不够，在低层次上展开价格战成为其最主要的竞争方式。以旅行社为例，国内旅行社数量众多，服务水平参差不齐，行业竞争激烈，造成一些弊端，例如，相当一些旅游企业不靠降低成本和提升质量竞争，而是打价格战，有损品牌声誉；多数旅游产品和服务比较粗放，旅游促销手段单一落后；旅行社没有明确的市场地位，仍在习惯性地追求数量型扩张。为改变这一现状，国内旅行社业应朝着大旅行社集团化、中旅行社专业化、小旅行社网络化的方向发展。

2. 国内旅游产业集中度偏低

国内旅游企业数量过多，相对于市场需求的产业过度供给现象严重。改革开放以来我国经济增长速度快，在国家产业政策支持下，整个旅游产业增速快，旅游企业数量每年的增长幅度均超过旅游人数的增长幅度，进而造成供求失衡，并由此稀释了国内旅游市场份额，使产业集中度偏低。

3. 国内旅游市场区域联盟态势渐强

由于市场国际化局面的形成和企业规模扩大化，国内旅游市场出现了很多超越企业单体层面的区域内合作和区域之间的竞争。从区域层面来看，伴随区域旅游竞争市场更加激烈的同时是区域旅游合作成为大势所趋。一方面，各旅游目的地将大力度加强旅游营销，以占据更大的市场份额，旅游业将进入一个营销时代；另一方面，受旅游资源和价格竞争等因素的影响，一个地区难以单独成为对旅游者具有长期吸引力的旅游目的地，必须发展大旅游和大区域思想，加强同周边地区的合作，实现优势和资源互补。以策略联盟的形式广拓客源、共享利润，将是未来国内旅游市场竞争的趋势。

目前，国内旅游市场形成的区域合作伙伴主要包括：以长江三峡为中心辐射重庆、成都、宜昌等周边地区的三峡景区；以苏、浙、沪为中心构建的长三角绿色旅游通道；京、津、冀首都都市度假旅游圈以及环渤海旅游圈；东北"4+1"城市无障碍旅游区；赣湘红色旅游区域合作；青藏铁路旅游带等。

4. 国内旅游市场结构日趋完善

在旅游需求市场结构上，随着社会经济发展和生活水平的不断提高，人们对旅游的需求越来越强烈，旅游市场日益壮大，为旅游市场体系的完善奠定了前提和基础。国内旅游需求市场结构的变化主要表现在：从出游目的看，旅游需求正从单一的观光旅游、文化旅游进一步扩展到度假旅游、商务旅游、特种旅游等综合性旅游；从消费水平看，旅游消费正从经济型消费向中高档消费乃至豪华型消费发展；从组织形式看，旅游需求正从传统、单一的团队旅游形式逐步向以散客、团队和自助旅游相结合的多样性旅游市场发展等。正是这种多样性、高层次性的旅游需求促使旅游市场体系不断完善。

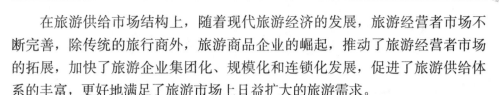

在旅游供给市场结构上，随着现代旅游经济的发展，旅游经营者市场不断完善，除传统的旅行商外，旅游商品企业的崛起，推动了旅游经营者市场的拓展，加快了旅游企业集团化、规模化和连锁化发展，促进了旅游供给体系的丰富，更好地满足了旅游市场上日益扩大的旅游需求。

在旅游产品市场结构上，随着现代旅游的发展，旅游产品日渐丰富、种类日渐繁多，促进了旅游产品体系的进一步完善。例如，度假旅游产品从原来的温泉度假旅游进一步扩展到包括温泉疗养、湖滨休闲、海滩度假、乡村旅游、野营度假等在内的度假旅游产品；观光旅游产品从原来的自然风光游览进一步扩展到自然景观、人文古迹、民族风情、城市风光；发展了商务旅游、会展旅游、康体旅游、生态旅游、业务旅游等特种旅游产品。

5. 国内旅游市场结构大众化、散客化趋势更加明显

近年来，国内旅游市场保持较快增长。国内旅游人数和花费比重分别达到 65.37% 和 77.86%。一日游市场成长较快，国内一日游人数和花费比重分别为 55.9% 和 25.8%。散客市场比重进一步上升，国内散客人数和花费比重分别达到 96.9% 和 93.3%。城镇居民经旅行社组团出游人数为 7530 万人次，占城乡经旅行社组团游客的 81.4%，且主要集中在第三季度，占城镇居民组团出游人数的 43.8%。第一季度为旅行社组团出游淡季，仅占全年的 12.1%。

（二）国内旅游市场竞争与结构的优化措施

优化国内旅游市场竞争与结构，主要需根据国内旅游市场的发展变化适时调整，尽可能形成国内旅游市场的多元化，克服国内旅游市场单一、风险大、易受制于人的不良局面。

1. 加强旅游市场合作，规避恶性竞争

随着社会发展和市场经济的逐步完善，越来越多的旅游经营者逐渐意识到，旅游经营主体之间不仅仅存在竞争关系，同时还存在合作关系，市场经营观念由从前的竞争思想转变为竞合思想，即一改传统"鱼死网破"竞争思路，转为倡导双赢策略，其实质是实现旅游企业优势要素互补，共同将市场做大，增强双方市场实力。因此，加强旅游市场合作成为避免旅游市场恶性竞争的有效途径。

在国内旅游市场中，规避恶性竞争，倡导市场合作，力争实现多赢的典型例子是"长江三角洲旅游合作圈"的构建。长江三角洲是我国经济最发达、旅游业最活跃的地带之一，此地区聚集着 15 个国家重点名胜区、13 座国家历史文化名城、4 处国家级度假区以及数十个大型主题公园等众多优秀的旅游资

源，但许多旅游资源或产品间表现出明显的雷同化倾向，这使旅游资源的各开发主体为争夺客源展开了激烈的竞争，大家各自为政，相互排挤，以至于呈现出旅游项目重复建设严重，旅游产品被机械地仿制、移植，旅游产品空间配置凌乱，旅游开发的边际效应低下，很难获得规模效应和集聚效应等一系列的负面影响。此区域的绝大多数旅游竞争主体均为此付出了沉重的代价，一些竞争实力不强的企业纷纷被挤出旅游市场，而很多尚存的旅游企业也陷于进退两难或盈利甚微的被动局面。为了改变这种恶性竞争的不良态势，从2001年起，此区域开始尝试构筑"长江三角洲旅游合作圈"，即立足于构建一个以上海为首位城市，南京、杭州为次级中心，苏州、无锡、扬州、宁波为重要节点，向苏北、浙西、浙南以及安徽、江西、福建辐射，旅游产业要素合理配置，具有国际影响力和竞争力的旅游合作圈。合作圈内各城市或旅游经营主体将通过实施旅游资源整合和产品创新、激活旅游客流的双向与多向互动、加强旅游信息网络建设、实现信息一体化服务等战略举措，共同扩大本区域的旅游客源市场规模，强化旅游圈的辐射功能，从而实现合作多赢。迄今为止，此项旅游合作战略举措已取得一定成效，有效缓解了区域内旅游市场主体恶性竞争的态势。

2. 未来国内旅游市场竞争将在旅游产品、销售渠道和企业品牌3个层面展开

随着市场需求日益多元化，单一的产品价格竞争只是市场低层面的一种竞争形式，未来国内旅游市场的发展与竞争将在旅游产品、销售渠道和企业品牌3个不同层面展开。服务质量、差异化和价格构成产品竞争的核心要素，代理商、门店数量和电子商务创新将成为旅行社销售渠道竞争的主要方面，在产品竞争和销售渠道竞争基础上的企业品牌竞争将成为市场竞争的最高形式。在未来旅行社产品及渠道竞争日趋激烈的情况下，大部分市场份额将有可能向几家规模旅行社集中。

3. 优化国内旅游市场结构，促进旅游市场多元化

目前，我国旅游业的客源市场已初步形成体系，基本构成了相对稳定的客源地，但旅游市场的分布结构和消费结构尚不够合理，一定程度上制约了旅游业的产出水平。因此，必须进一步优化市场结构，加快旅游客源市场多元化发展。要立足本地和周边市场，大力开拓国内旅游市场，积极发展国际旅游市场，形成"三个市场"共同发展的局面。国内市场是我国旅游的主要客源市场，要巩固传统市场，扩大新兴市场，重点开发中远距离市场，培育新的客源群。在优化消费结构方面，大力推进旅游方式的创

新，积极发展生态旅游、农业旅游、工业旅游、健身旅游、科普旅游、教育旅游、会展旅游、商务旅游等新型旅游方式，形成多种旅游方式相互促进的格局，满足不同消费群体的需要。大力发展休闲度假旅游，包装和整合一批新的度假旅游产品。深度开发区域度假休闲市场，积极开拓以海外游客为主的客源市场，吸引和招徕更多的高消费游客，同时探索吸引本地居民观光旅游带动旅游消费的办法。

二、国外旅游市场竞争与结构

（一）法国旅游市场竞争与结构

我们从旅游地、旅行社、酒店来看法国旅游市场竞争。

旅游地包括旅游城市或旅游乡村和旅游景点。针对以上两类旅游地，法国存在不同的评比组织针对申请者的实际情况进行评定，然后由组织方或政府公布评定结果。

例如，针对旅游城市、旅游乡村的评比组织有国家花园城市与花园村镇委员会。针对酒店的星级评定，由法国旅游发展署的一个专门机构——法国委派委员会负责。针对景点名胜，"法国名胜"标志是一项可持续发展措施，是对于一处风景名胜区域的全面管理质量以及景观特色和景区氛围的日后维系给予的肯定。针对博物馆，"国家博物馆联合会"根据规模和功能不同，将各类博物馆分成5等，并分别定价。

以上评定组织的存在和评定方式的合法规范以及法规的细致完整，保证了旅游地之间的良性竞争，促使旅游市场的各个经营者转向非价格竞争，致力于提升服务质量、提供特色产品、丰富产品数量、完善设施等建设。

（二）西班牙旅游市场竞争与结构

西班牙旅游业举足轻重，约占欧盟13%的份额。一直以来，西班牙旅游市场以"阳光和海滩"这一标志性旅游主题为核心，支撑该国旅游业高速发展的重要支柱非饭店业莫属，根据西班牙公布的数据，西班牙的饭店业共占该国旅游总供给量的57%。三星级的酒店约占该国酒店业的39.17%，四星级的酒店约占该国酒店业的35.45%。西班牙排名前10位的饭店约占市场份额的16.71%，其中Sol Melia饭店集团雄踞西班牙饭店业市场之首。

另一个支撑旅游业发展的结构性因素是客运运输业。资料显示，72.6%的游客是搭乘飞机进入西班牙境内的，而每100万个经空港进入该国的游客便能产生 950 个直接工作岗位和 3500 个间接工作岗位。目前在西班牙共有约 179 家航空公司，其中前 10 家占据了 75% 的市场份额。据公布的数据，全国共有约 4700 家陆路客运企业，共创造了 42 亿欧元的收入。

然而，近些年来西班牙的旅游业竞争激烈，传统旅游项目遇到了很大的挑战，比如，"阳光和海滩"这一主题已经需要再定位、再设计；游客的旅行时间相对变短，出行频率增加；游客对传统旅游计划的选择减少，逐渐倾向自行设计旅行线路；来自中国、克罗地亚、埃及、摩洛哥、突尼斯等新兴旅游国家的竞争增加；由互联网产生的新的旅游业态；等等。因此，西班牙主动调整了旅游业发展结构，大力开发新型旅游项目，如乡村游、文化游，其中仅博物馆和展品游便吸引了 5000 名游客。另外，体育游也是近来该国旅游业的一大亮点，其中最为突出的是高尔夫游。与此同时，在西班牙还有 114 家主题和休闲公园，此业态一年创造了约 5500 万欧元的收入。

第三节　旅游市场规划与监管

加强旅游市场规划与监管，能够规范旅游市场秩序，促进旅游企业公平竞争，维护旅游者合法权益，有效助推旅游业健康有序的发展。下文将比较分析国内外旅游市场规划与监管。

一、国内旅游市场规划与监管

（一）国内旅游市场规划与监管的现状分析

目前，从国务院到全国各省（区、市）、地市和多数县级政府，都设有旅游行政管理部门，分级担负着旅游市场的规划与监管责任。经过多年的建设和发展，旅游规划与监管部门已经具有一定的规模，初步形成国家、省（区、市）、地市、县 4 级旅游规划与监管体系。但作为一种较年轻的市场规划与监管形态，完整的旅游市场规划理论体系、完善的旅游市场规划技术体系、成熟的旅游市场规划操作与实施监管体系等均尚未成型。

国内旅游市场规划多呈个案模式，类型多样化。作为一个成长中的行业，国内旅游市场规划在过去 20 多年的发展历程中取得重大进展，涌现出了诸如锦绣中华、苏州乐园、丽江、香格里拉、凤凰古城等众多成功规划案例。但这些案例多是个案模式，尚未形成大众模式，借鉴模拟性不强。

除了国家、省（区市）、地市、县4级的旅游规划，国内旅游市场规划可按不同标准划分出多种类型，例如，风景区旅游市场规划、专项旅游市场规划等。在众多旅游市场规划类型中，地区旅游市场规划是主体，全国几乎所有省市都进行过旅游市场发展规划和重点景区总体规划。目前，国内各地区、县乡级旅游市场规划，专项旅游市场规划以及对原有旅游市场规划的修编，成为国内旅游市场规划实践的主要类型。

（二）国内旅游市场规划与监管存在的问题

总体来看，目前，我国旅游市场规划与监管主要存在的问题包括以下几点：

1.旅游市场规划缺乏特色

旅游开发对发展国民经济的重要作用被各级政府广泛认知以后，大力发展旅游业的热情不断高涨，形成国内异常激烈的旅游市场竞争环境。在激烈竞争的市场中，产品的个性与特色是旅游的生命；个性是与地方性联系在一起的，个性主要来自当地的地脉和文脉，因而应从自然环境、人文历史、文化传统、地方民族等交融、积淀形成的地方特色风景和风情出发。相对于所处大区域中的共性而言，应进行旅游产品的开发组合，从而避免邻近空间的恶性竞争。许多地区的旅游市场规划没有触及实质性问题，规划过程中只是将一些成功案例简单照搬套用，忽视了对旅游客源市场的仔细调研，缺乏对旅游产品本身特色的定位研究，缺乏本土意识，忽略了旅游产品自身的独特之处。

2.旅游市场重规划编制，轻规划实施

相对于编制而言，旅游市场规划的具体实施更为重要，因为旅游市场规划的水平高低和应用效果好坏，既取决于前期的规划编制过程，也取决于后期的规划实施与管理，只有二者的良好结合，才能取得理想的效果。但在当前的旅游市场规划工作中，严重地存在重视规划过程、轻视规划实施管理的问题。不少旅游市场规划在编制上花费了大量人力、物力和财力，一旦评审过关便万事大吉，无人再过问后期的实施和监管，甚至出现所谓"规划规划，纸上画画，墙上挂挂，评审一过，就是废话"的现象。

3.旅游市场监管职能和手段有限

目前由国务院颁布的旅游行政法规有《旅行社条例》《导游人员管理条例》和《中国公民出国旅游管理办法》，据此，旅游部门监管的范围限于旅行社、导游人员和团队旅游，对其他旅游相关服务的提供方尚没有监管依据和手段。

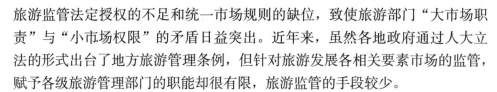

旅游监管法定授权的不足和统一市场规则的缺位，致使旅游部门"大市场职责"与"小市场权限"的矛盾日益突出。近年来，虽然各地政府通过人大立法的形式出台了地方旅游管理条例，但针对旅游发展各相关要素市场的监管，赋予各级旅游管理部门的职能却很有限，旅游监管的手段较少。

4. 旅游市场监管工作重视不够，监管力量薄弱

多年来，很多地方旅游业的发展重建设、轻管理，重外延式规模扩张、轻内涵式质量提升和增长，重视搞大项目、大活动而轻视旅游市场的监管。一些地方对吸引旅游投资、建设旅游大项目出台了系列产业鼓励和引导政策，而对旅游发展软环境的建设、对旅游市场秩序的整治、对旅游服务质量的提升却重视不够，不但出台的鼓励政策少，有效的措施和办法也不多。

旅游监管执法队伍无论是规模、数量，还是素质、能力，都远远不能满足旅游业快速增长的需要和人民群众日益提高的旅游要求，在监管方面也大大低于相关行业的力度。面对旅游市场秩序长期失范的问题，很多旅游监管部门主观上有畏难思想，实际工作中存在着"不敢管、不愿管、不会管、管不了"的现象。

5. 旅游市场监管职能交叉

由于旅游业是新兴产业且涉及的部门较多，在进行行业监管的过程中，不可避免地要与传统产业部门产生职能交叉，而各传统产业部门针对固有市场的管理已经形成比较完善的法律法规体系和力量较强的执法队伍，旅游部门作为"后来者"的身份和相对弱势的地位，难以引起相关部门足够的重视，致使由旅游部门牵头的联合执法效果欠佳，并由此产生"交叉地带"责任不清和相互推诿等现象，一些领域甚至存在监管真空。

（三）国内旅游市场规划与监管的对策研究

针对国内旅游市场规划与监管中存在的主要问题，建议采取如下对策：

1. 旅游市场规划突出地方特色

旅游市场规划需遵循"人无我有，人有我新，人新我转"的原则，对旅游者产生吸引力，激发旅游者的游览兴趣，保证旅游景区的长期热度。但创新并不等于凭空捏造，而要有一定的基础，这个基础就是当地的地理环境和文化传统。因此，要做出一个优秀的旅游市场规划方案，首先必须深入透彻地了解当地的基本情况，在对当地现有旅游资源进行系统调查、综合分析、深入研究的基础上，精选最具代表性也最能体现当地特有民俗风情的旅游资源进行深度挖掘、重点开发，凸显地方特色。

2. 重视旅游市场调研，避免重复建设

一方面，必须全面把握周边景区的个性、特色和发展现状，准确定位自身的市场规划目标与方向，尽可能避免与周边景区任何不必要的雷同之处，尽力挖掘自身特色，防止降低产品的吸引力及造成近邻之间的恶性竞争。多数景区在做旅游市场规划时往往简单地跟风效仿，对产品替代效应与市场半径等问题缺乏分析研究，使得一些旅游产品刚进入导入期就等于进入了衰退期。另一方面，必须高度重视旅游市场调研，深入了解旅游者的需要。只有真正从旅游者的需求出发，才能开发设计符合市场需要的产品。从这两个方面入手，避免出现重复建设，才能顺利实现旅游市场规划的预期目标。

3. 加强宣传和引导

通过进一步加强宣传，引导旅游企业依法经营，诚信经营，引导广大旅游者树立正确的消费理念，培养良好的消费习惯。

首先，各级旅游行政管理部门要针对目前旅游市场上存在的诸多问题，对旅游企业加强现有法律法规的宣传。通过宣传，使旅游企业知法、懂法，引导全行业规范经营、诚信经营、守法经营。其次，各级旅游行政管理部门要广泛利用电视、报纸、网络、户外广告等多种媒介和方式，针对广大旅游消费者开展"品质旅游，伴你远行""文明旅游，理性消费"等公益宣传活动。通过建立健全行业信息发布制度，为旅游者提供真实、准确、实用的旅游信息服务，方便旅游者出行，引导旅游者的消费。通过播放公益广告片，编印、发放旅游宣传品，开展有奖征文活动，不定期地发布旅游服务警示等，对旅游者进行旅游公益宣传，引导广大游客文明旅游、理性消费、合理维权。最后，各级旅游行业协会要充分发挥行业规范和引领作用。各级旅游协会可以通过制定和实施行规会约、行业标准等途径，引导和帮助旅游企业转变经营观念，提高管理水平，提升旅游产品和服务质量，在市场上树立良好的企业品牌和形象。各地旅游协会可以结合市场情况，定期向广大旅游者发布热点旅游产品行业指导价格和旅游提示、警示信息等，引导旅游者理性消费，并由此推动旅游企业转变经营方式。

4. 加强监督和管理

各级旅游监督管理部门要通过完善各项监管机制、创新工作方式、丰富工作手段，进一步加大旅游监管力度，督促旅游企业守法经营、诚信经营。

（1）完善各项监督管理制度

要进一步完善和细化旅游市场准入和退出、质量监管、行政执法、行业自律、社会监督、旅游投诉等方面的制度，使各项工作有章可循，落到实处。

（2）创新旅游监管方式和手段

要充分利用社会各界人士，包括媒体、行业内的专家，以及旅游从业人员、旅游消费者等对旅游企业的服务过程进行全方位的监督。要采取有效措施，实现从旅游行业监管向旅游目的地综合监管的转变、从重视投诉监管向旅游全过程监管的转变、从单一的旅游部门监管向多部门联合执法和监管的转变，形成"行政监管、行业自律、舆论监督、群众参与"相结合的多维市场监管体系。

（3）建立全方位的旅游服务质量评价体系

要逐步建立以各项旅游业国家标准、行业标准和地方标准为基础的科学的旅游服务质量评价体系。同时，通过开展游客满意度调查，建立覆盖旅游各要素的游客满意度调查评价体系，制定调查评价的标准和实施办法，依托专业调查机构进行调查评价，定期分级发布以优质服务企业为重点的游客满意度评价报告。通过政府公信力和媒体影响力所产生的叠加效应，引导市场的消费选择，推动企业提高服务质量，创建旅游服务品牌。

（4）健全旅游监管和纪检监察的联动机制

2011年，国家旅游局印发了《关于旅游行政管理与行政监察协调配合规范旅游市场秩序工作的通知》，通过行政监察部门督促旅游监管部门更好地履行监督管理职能，进一步解决广大游客和旅游企业反映强烈的突出问题。一方面，旅游监管部门要加大对旅游市场秩序的监管力度，对于比较突出的问题，要制定切实有效的措施，并执行到位；另一方面，旅游纪检监察部门要充分发挥监督作用，把各级旅游监管部门的工作作风和实际效果作为纪检监察的重点工作来推进。

（5）运用信息化技术提高旅游市场监管水平

为了使旅游市场监管适应旅游业现代化的发展，国家旅游局在旅游市场监管中不断引入信息化管理手段，先后建立了中国旅游诚信网、旅游质监与投诉管理系统、中国导游网、导游管理系统、旅行社业务管理系统、星级饭店统计调查管理系统、出境游备案系统等旅游信息化监管平台，还在全行业开通了"全国旅游团队服务管理系统"，该系统将覆盖全国所有的旅行社，涵盖国内游、出境游、入境游三大旅游市场的旅游团队数据信息，并计划在3~5年内，完成对所有旅游团队的实时动态管理、团队电子行程单管理、旅游服务电子合同管理和游客在线查询及评价系统建设，通过这些信息化监管系统，可以实时监控旅游企业的经营活动，规范旅游企业的经营行为。

5. 加强执法和惩处

首先，加大对违法经营旅游企业的惩处力度。针对《旅行社条例》中对恶性价格竞争的专门条款和法则，国家旅游局制定了《旅行社服务质量赔偿标准》，明确了对强迫消费、擅自降低服务标准、甩团等行为的赔偿标准。原国家旅游局还与原国家工商总局联合制定了3个合同示范文本，引导旅游企业合法、规范经营，引导旅游者依法、理性维权。各级旅游监管部门应依据各项法规和标准加大市场检查力度，重点打击并遏制旅游经营中存在的违法违规行为，特别是对非法挂靠承包、拒不履行合同约定义务、擅自改变行程、欺骗胁迫旅游者购物或参加自费项目等严重干扰旅游市场秩序和人民群众反映强烈的违法行为，更要从严惩处，情节严重的采取"一次性死亡法"，停业一批违法违规旅行社和导游，使影响旅游市场秩序的突出问题得到有效遏制，对违法违规和不诚信行为起到了震慑作用。其次，要加大对重大违法违规案件的督办力度。对于重大违法违规案件，国家旅游局实行督办制度，2011年共督办26起案件。实践证明，这项工作机制取得了较好的效果。今后，应加大案件督办工作力度，创新工作方法，强化工作手段，严厉查处损害游客合法权益、扰乱旅游市场秩序的行为。最后，强化旅游企业质量等级退出机制。国家旅游局在2012年年初旅游行风建设会议上提出，旅游市场监管"要用好退出机制这把剑"。各级旅游管理部门要以提升旅游服务质量为重点，采取引入社会评价等方式强化旅游企业退出机制，加大对星级饭店和A级旅游景区的复核力度，对硬件不达标、软件不过关、服务质量低、管理混乱的旅游企业，严格按照国家标准，该降星降级的降星降级、该摘星摘牌的坚决摘星摘牌。

6. 加强行业自律

首先，充分发挥协会的行业自律作用。加强行业自律是一项长期、系统的工作，只有行政执法与行业自律相结合，才能促进公平竞争，规范市场行为，维护市场秩序。各级旅游协会要建立健全各项自律性管理制度，制定并组织实施行业职业道德准则，积极推动行业诚信建设，不断提高旅游行业自律水平，维护公平竞争的市场环境。其次，鼓励旅游企业通过标准化管理创建优质品牌。旅游企业标准化管理是提升服务质量和核心竞争力的关键，要在全行业积极推进旅游标准化试点示范工作，鼓励更多的旅游企业在贯彻执行相关国家标准、行业标准、地方标准的基础上，建立自身旅游标准化管理体系，促进服务品质提升，创立企业优质品牌。同时，通过优质品牌的创建，促进旅游企业加强诚信建设，强化内部管理，创新经营模式，提升服务质量，走品牌化扩张发展道路，使企业不断做大做强。最后，组织旅游企业开展诚信旅游建设活动。开展诚信旅游建设也是行业协会进行自律活动的重要内容，旅游协会要继续在全行业开展"讲诚信、促发展"的主题活动，加强诚信宣传和教育，使旅游企业牢固树立依法经营、诚信经营的观念，促进旅游企业更加注重质量、品牌、形象和声誉，自觉遵守国家各项法律法规，共同维护市场秩序。

二、国外旅游市场规划与监管

（一）法国旅游市场规划与监管

1. 规划

法国政府非常重视旅游资源的保护和开发，把旅游资源保护和开发列为政府的重要职能，从资金、政策、税收等方面给予大力支持，每年都有大笔专门拨款用于旅游资源的保护和开发。法国旅游资源开发和利用的资金主要来自国家建设资金。由于法国政府投入大，各类旅游服务设施都比较完善，绝大多数旅游景点均与高速公路相连接，交通畅通发达，路况良好。处于旅游线路的高速公路或国家公路两旁均设有旅游景点的指示牌，进入巴黎市还有介绍市区交通现状的电子公告牌。沿途的加油站、公共洗手间、餐饮、住宿点布局合理，给客人带来了极大的方便。

2. 监管

为保护旅游资源和旅游市场的良性运转，法国政府对旅游资源的产权和保护利用，以及旅游经营者和旅游者的责任与义务均有着严格的法律和政策规定，法国的旅游市场运转因此有效避免了恶性竞争，整个国家的旅游形象良好，虽然法国每年接待的游客众多，但是涉及的住宿、交通等旅游市场运转顺畅，历史文化古迹也受到经营者按"修旧如旧"的原则予以的修复和保护。

（二）西班牙旅游市场规划与监管

西班牙属于混合型旅游市场监管体系国家，其旅游监管配置有中央管理和机构管理两部分。中央管理的职能在西班牙中央政府和自治区政府两者间分配。西班牙对外旅游推介由国家旅游管理部门下属的旅游合作与协调分局以及旅游推广理事会来制定，但其实施单位是旅游机构管理下属的西班牙旅游研究院和西班牙海外旅游办公室。其主要职责有：

1. 西班牙旅游合作与协调分局

以中央管理的形式制定旅游实施的宗旨和西班牙对外旅游推广的政策。

2. 西班牙旅游推广理事会

隶属于西班牙旅游研究院，负责制定、推广西班牙旅游在国际舞台中的战略方针。

3. 西班牙旅游研究院

从结构管理入手，负责旅游推介的规划、开发和实施，该院还与各自治区的公共部门或私立部门协调，在海外推广旅游项目。

4. 西班牙海外旅游办公室

隶属于西班牙旅游研究院，负责在国外实施西班牙旅游推介活动，还负责调研所在国的旅游市场情况和动向。

第四章 中外旅游管理人才培养通用模式

第一节 旅游管理"双元制"人才培养模式

一、"双元制"培养模式概述

德国经济的腾飞与其教育的发展是紧密相连的,"双元制"正是其教育的精华和支柱。在这种教育模式下,德国培养了大批高素质、高质量的人才,为经济的发展作出了巨大的贡献。因次,全面深入地了解"双元制"的起源、内涵、特点等,对于借鉴"双元制"培养模式的成功经验是十分必要的。

（一）"双元制"人才培养模式的内涵与发展

1."双元制"人才培养模式的内涵

"双元制"起源于职业教育,是指"学生既在企业里接受职业技能的培训,提高实践操作能力,又在职业学校接受专业理论和文化知识教育的教育模式,是一种将企业与学校、理论知识与实践技能紧密结合,以培养高水平的专业技术工人为目标的职业教育制度"。"双元制"中的"一元"是学生在职业学校接受的与职业相关的基础知识和专业知识,即"学校元"。学生在职业学校的学习时间一般采取分散安排,或是集中一部分时间用于理论知识的讲授。

"双元制"的"另一元"即"企业元"是"双元制"教育的核心部分,是指学生在企业接受职业技能和与之相关的专业知识培训。接受"双元制"教育的学生,入学前都要与企业签订培训合同,确定培训内容、培训时间、津贴等。

"双元制"教育培训出来的人才就业比较灵活,并不局限于本企业。学习结束后，既可以选择留在培训企业继续工作，也可以选择去其他企业任职。"企业元"与"学校元"的合二为一，使得受教育者既能够学习基本文化知识与专业理论知识，同时也能够接受实际情景下的专业技能培训。

2. "双元制"人才培养模式的形成与发展

德国"双元制"教育是由最初的学徒培训制在长久的实践中发展而来的，在经济发展与社会进步的推动下，逐渐形成了今天这种完善的教育模式。在手工业作坊中，由经验丰富的师傅向学徒传授技能和手艺，并由师傅负责徒弟的生活和培训，这是德国早期的职业培训形式。随着经济的发展、技术的革新，人们发现仅仅拥有技术已经远不能达到时代发展的要求，因此，一种负责教授读写算等文化知识的学校便应运而生，即星期日学校，这种学徒培训与星期日学校合作的形式形成了"双元制"教育模式的萌芽状态。随着技术大变革、经济大发展和机器的广泛使用，德国逐步向工业社会发展，因而对劳动者素质提出了新的要求，进一步推动了德国教育事业的发展。在这一时期，一方面职业学校作为专门的职业教育机构从普通教育中分离出来；另一方面生产的高度专业化、劳动分工的细致化，催化了另一工场——实训工场的诞生，成为专门为工人提供实际操作技能培训的场所。直到19世纪末20世纪初"双元制"的培训模式才正式形成。

20世纪30年代至70年代是"双元制"培训模式逐渐完善的时期。"进修学校"改名为"职业学校"，随之公布的《帝国学校义务教育法》强制界定职业学校教育是企业培训的一种补充，进而首次在德国范围内以法律的形式将这种企业与学校联合培训的"双元制"模式确定下来。二战后，"双元制"职业教育为经济发展提供了巨大的智力支持并培养了一大批后备力量，其自身也在国家和政府的强力支持下得到了很好的发展。随之，教育也反哺到德国经济发展中，促进了德国经济的腾飞。可以看出，"双元制"是一项高投资、高回报的长期措施。德国教育委员会在《对历史和现今的职业培训和职业学校教育的鉴定》中首次"使用了'双元制'这一概念，将已存在一百多年的企业与职业学校的'双元'培训形式用语言表述出来"。随着一系列职业教育法律的颁布，使得"双元制"得到了进一步发展，出现了"双元制"职业学院和专科大学。20世纪80年代之后，德国的职业教育从最初的学徒工培训逐渐发展成为一个比较完整的培训体系，其中包括中等职业教育、高等职业教育、在职教育等，对德国经济、社会的发展作出了不可忽视的贡献。

近年来，"双元制"模式不仅在职业教育中被广为采用，在德国的高等教育领域也显现出重要的地位。例如，德国的慕尼黑国防大学、伍伯塔尔大学、马格德堡大学、布莱梅大学等综合性大学都开设了"双元制"的大学教育课程。以著名的综合性高校锡根大学为例，它涵盖了自然科学、工程、人类学、社会科学和经济学等领域，在不同专业领域开设了相关专业，其中开设"双元制"教育模式专业的共有四个系，分别是机械工程系、电子工程系、计算机系和土木工程系。迄今为止，有多家企业和锡根大学签署了机械工程专业的"双元制"校企合作协议，有多家企业和锡根大学签署了电子工程专业的"双元制"校企合作协议。除此之外，还有一些中小企业把一些革新项目交给大学进行共同开发。锡根大学努力把理论与实际结合起来，使教学和科研活动地区化，学校和当地企业的紧密联系使双方都能在合作中受益。德国"双元制"教育由最初的学徒制，渐渐形成目前完善的职业教育模式，随着教育改革的促进，又逐步渗入到高等教育中，为高等人才培养模式的改革提供了可参考的建议。

（二）"双元制"人才培养模式的表征与特点

1. "双元制"人才培养模式的表象特征

"双元制"人才培养在"企业元"与"学校元"的共同引导下，旨在将企业与学校各自优势进行最大化整合。在培养的过程中，双方目标是一致的，但是具体的操作过程却是一分为二进行的。在"企业元"主导下，学生以学徒的身份进入企业，依据职业培训条例，企业为其提供开展实践技能训练的实训车间，并配备资深的、有着丰富实践经验的实践技能教师，能够使学生在真实的情景下接受最贴近实际的教学。学生最终的学习效果是通过技能考试来检验的。技能考试由第三方执行，以体现其公平性与客观性。在"学校元"的主导下，学生在学校进行基本文化知识、专业理论知识的学习。学校按照教学计划、教学大纲设置课程，提供专门的理论知识教材，由接受过高等教育并持有相关职业资格证书的专业教师教授。学生理论知识的掌握情况通过资格考试来考核，以确保学习的有效性。

2. "双元制"人才培养模式的特点

（1）宏观方面

①以需求为引导。教育的目的不仅是完成对人才的培养，更重要的是要让培养出来的人才能够符合市场和社会发展的需要，能够人尽其用。德国"双元制"教育在确定人才培养目标时，以市场和社会对人才的需求为引导。教育部门拥有完善的劳动力市场及培训市场信息，向全国提供就业指导、市场用工信息、培训信息咨询等服务，想要接受培训的人员可以依据以上信息，选择职业培训的内容。另外，德国将职业性方案作为职业教育专业划分的参

考，并且对从业者资格的要求不只是停留在某一时期的标准，而是随着生产结构、劳动组织的变化不断提高。同时，还有由全国最富代表性的企业共同建立的"职业资格早期检测系统"，时时以实际需求为引导，以保证信息数据的及时性、可靠性。

②以法律为保障。德国教育之所以蓬勃发展，是因为国家颁布了大量的法律法规作为教育的保障，由于"双元制"实施主体包括企业和学校，因此在制定法律保障时也从这双主体出发，加强了对企业培训的法律约束。在《职业教育法》中规定，"企业在遵守法律规定的前提下，赋予企业进行职业培训的权利，自己组织并承担责任。它是企业内职业培训最重要的法律规定"。1972年颁布的《企业组织法》中规定，企业委员会对促进和实施企业内职业培训有参与、影响或决定的权利。在培训合同中，企业在对被雇佣者开展培训前必须签订职业培训合同，合同一旦签订就具有法律效力，违法的任意一方都会受到法律相应的裁定。

③以企业为主体。德国"双元制"教育是从学徒制度发展而成的，随着工业化生产的发展，完全由企业承担的学徒制度吸收了学校教育作为补充而形成了职业教育制度。在这个教育模式中，企业是培训的主体，通过对学员的培养为企业提供了长期的人力资本支持，因此企业在其中发挥着重要的作用，主要表现在经费方面，训练所需设备设施的购买、训练师傅的工资、学徒的补助等费用都是由企业来支付的。培训场所方面，企业要提供设备精良的培训场所，以便受训者能够更真实地贴近实际工作要求。此外，大多数企业还设立了生产外的专供培训的场地，对学员提供更全面的培训。德国企业中的培训人员，必须要通过国家统一技能考试，不仅要有相关的职业技能证书，同时还要具备教育学、心理学、劳动法等相关方面的知识。由此可见，"双元制"教育中企业的举足轻重的地位取决于一定的人力资本的支持，这在很大程度上决定了"双元制"教育的规模及质量。

④以互通教育为渠道。在德国，普通学校完成基础教育的学生可以进入职业学校继续接受职业技能的培训，同时在职业学校接受职业技能培训的学生也可经过一定的文化课补习后，进入高等院校继续学习。这种教育的互通渠道使得德国的中职院校学生与接受普通高等教育学生一样具有升入大学的资格。根据《联邦德国高等学校总法》规定，接受"双元制"职业教育的高等专科的学生，在其毕业后可以获得与普通高校毕业生同样的毕业文凭以及学位证书，并且所获得的待遇也与后者相差无几。这种互通性的教育，使得人们摒弃了对职业教育的偏见，让职业教育有了一个更好的发展空间。

（2）微观方面

①以职业分析为引导的专业设置。高等职业教育专业设置是在一定的职业分析基础上形成的，职业分析是指"对所覆盖的职业岗位群或技术领域中相关层次人才所应具备的职业能力进行具体化描述，以此确定专业所应满足的具体需要"。德国职业教育的专业设置不是学科体系的产物，而是在科学的职业分析基础上确定的。德国以职业分析为引导，以企业需求、相对稳定和广泛适应的三大原则为基础，来确定培训专业。随着新兴职业不断出现，政府每隔一段时间就会对培训专业进行重新界定，将新兴职业纳入其中，将不再有需求的专业剔除掉，时刻保证专业设置与产业结构调整相适应性。

②以职业能力为本的培养目标。德国高等职业教育的培养目标"就是要使学生在掌握基础理论知识和专业实践技能的同时，也能够成为将科研成果转化为实用产品的应用型工程师，或者成为具有较高管理水平的企业型工程师"。这个培养目标就是以职业能力为本位。为了培养适应现代社会企业需求的工作人员，德国"双元制"模式不仅注重基本从业能力、职业素质的培养，还特别强调综合职业能力，即"关键能力"的训练。"关键能力"是指"超出职业技能和知识范畴的能力，它强调当职业发生变更或劳动组织发生变化时，劳动者能够在变化了的环境中重新获得新的职业技能和知识"。关键能力在"双元制"培养目标中占据着十分重要的地位。随着科技的发展、知识的日益更新以及简单职业的复合化，要求劳动者不仅要具有职业能力，同时还要有自我提升的能力。因此，以职业能力为本位的培养目标是现代社会对教育改革提出的新要求，是教育改革的助推器。

③以职业活动为核心的课程设计。培养目标的设置需要适当的课程设计来实现，将职业能力的培养作为必须实现的目标，那么课程设计标准也要以此目标为核心来开展。整个课程设计围绕"职业活动"展开，并确定了以"职业活动"为核心的课程结构。在这个课程结构中，首先将受训者所要接受的培训内容汇总为三大部分，即横向所看到的专业理论、专业制图以及专业计算，具有知识面广、综合性强的特点；其次，将每一大部分内容由浅入深地按照基础培训、专业培训、专长培训开展教学，形成了阶梯式结构。在这个结构中，每一层的培训和每一门专业课都是围绕着职业实践活动展开的。

二、旅游管理"双元制"人才培养模式创新

我国旅游业迅猛发展，直接刺激了市场对旅游专业人才的巨大需求，也极大地促进了旅游专业教育的不断发展，旅游专业教育问题逐渐成为业界研

究的热点。我国多数学者已经认识到传统的"闭门造车"式教育模式已经不能适应新形势下产业发展的需求，学者们一致认为"产、学、研"结合教育模式代表了我国旅游教育的发展趋势。但在教育研究中又存在着诸多问题，有待进一步深入研究。

（一）旅游管理"双元制"人才培养模式的构筑原理

"双元制"旅游人才培养模式是以"人才培养适应企业需求"为根本的出发点，依据现代教育学、管理学与系统论等相关理论提出的一种更为完善的人才培养模式，其构筑原理主要包括：

1. 系统原理

"双元制"旅游人才培养模式突破了传统旅游专业教育模式狭隘的局部理念。它强调系统性，将学校、企业等各种主体的教育资源进行优化整合，从而构筑一个以"培养适应旅游产业发展需求的管理人才"为统一目标的教育系统，各子系统分工合作、紧密协调，从而产生良好的协同效应。

2. 动态原理

"双元制"旅游人才培养模式强调专业教育与产业发展的适时互动。因此，它强调教育系统与旅游业、社会进行动态的信息沟通，接受旅游行业、社会对学校所培养人才的实践检验；根据考核结果找出质量偏差，采取有针对性的措施纠正偏差；对旅游人才培养的总体发展进行超前引导，从而达到人才培养与实践需求的一致。

3. 有序原理

"双元制"旅游人才培养模式强调专业教育适应产业发展的根本理念，以系统整合优化教学资源为核心，通过改进、优化课程设置、教学手段、教学方法来实现旅游专业人才培养的终极目标。虽然整个教育模式是一个复杂的系统，但系统流程设计却尽量简易、明晰，以便于操作。

（二）旅游管理"双元制"人才培养模式的系统构成

1. 旅游管理"双元制"人才培养模式的含义

旅游管理"双元制"人才培养模式的含义可以概括为：以动态的旅游企业人才需求为导向，实时调整人才培养目标；以全面的人才培养目标为指导，突出"理论知识"和"实践技能"两大模块的相互耦合和人才培养的螺旋式渐进上升；以丰富的教学资源为平台，构建"校企"共享教学资源的深度合作机制；以科学的人才评估手段为保障，促进教育系统的不断完善与优化。

（1）市场需求是人才培养的指挥棒

旅游专业人才教育的出发点和最终落脚点是培养旅游业需要的各级经营管理人才。旅游管理"双元制"人才培养模式立足于旅游企业对人才的实际需求，强调人才教育与产业发展的适时互动，以动态的产业发展需求作为人才培养的驱动力，不断更新教育理念、课程设置、教学手段等，从而保证专业人才良好的市场适应性。

（2）理论知识与实践技能相辅相成

基于旅游管理岗位要求综合素质和实际操作并重的特点，旅游管理"双元制"人才培养模式特别强调了在旅游专业教育中理论知识和实践技能并重的特点。其中，"双"指的是"理论知识"和"实践技能"，两者相辅相成、协调配合，共同服务于"培养适应产业发展需要的综合型旅游管理人才"这一总的培养目标。

（3）人才培养的螺旋式阶段性上升

根据教育规律，人才的培养是一个循序渐进的发展过程。"双元制"培养模式根据旅游人才培养的不同层次，将整个专业教育划分为起步期、成长期、发展期、成熟期4个阶段。不同阶段的培养目标不同，从而在课程设置、教学方法、教学资源等方面也会不同。4个阶段紧密衔接，层次递进，依次螺旋式上升，反映了旅游专业教育由低到高、由浅入深、循序渐进的过程。

2.旅游管理"双元制"人才培养模式的系统要素

旅游管理"双元制"人才培养模式的系统要素主要包括：培养目标、实施主体、教学体系、质量控制。四大要素相辅相成，共同构成了旅游人才培养的有机系统。

（1）培养目标

培养目标是人才培养模式的中心轴线，其他要素都要紧紧围绕着这根轴线运转。旅游管理"双元制"人才培养模式总的培养目标是"培养适应产业发展需要的综合型旅游管理人才"。在这一总的培养目标下，在不同阶段又有不同的、更加细化的、具体的培养目标。起步期的培养目标是培养学生广泛、深厚的公共基础理论知识，为学生后期学习打好基础；成长期的培养目标是培养学生扎实的旅游专业理论知识，使其初步形成专业实践认知；发展期的培养目标是培养学生娴熟的实践操作技能，积累管理经验，同时根据实际需求进一步深化、巩固旅游专业理论知识；成熟期的培养目标是学生在初步掌握旅游一般理论知识和实践操作技能的基础上，进一步细化专业方向，巩固、提高理论知识、技能操作、服务技巧以及管理经验等。四个阶段的培养目标依次层层递进，共同构筑了旅游专业人才培养的目标体系。

（2）实施主体

传统的旅游人才培养模式的实施主体是学校，或者是以学校为主、企业为辅。而旅游管理"双元制"人才培养模式在教育实施主体上特别强调了学校和旅游企业的同等重要性，两者相辅相成、分工合作，在不同的人才培养阶段分别扮演着主角与配角。在起步期以学校为主体；在成长期以学校为主体，旅游企业为辅助；在发展期以旅游企业为主体，学校为辅助；在成熟期以学生为主体，学校与企业共同辅助。

（3）教学体系

教学体系由课程设置和教学方法构成。在不同培养阶段，因为具体培养目标的不同，课程设置和教学手段也会出现差异。根据各阶段培养目标的特点，课程设置由浅入深、由简到难、由单一到综合，呈现出螺旋式上升的特点。而教学方法也要根据课程的特点进行设置。

（4）质量控制

全面的质量控制是检验旅游专业教育质量的有效机制，它通过对"教育产品"——人才的质量评估来检验整个专业教育系统的科学性。学校根据质量控制的反馈结果来调整、改进专业教育系统中的不合理之处，从而在动态循环调整中不断推进整个专业教育系统，使其更加完善。质量控制包括学校质量监控和行业质量监控。学校质量监控主要以教学质量为评价依据，具体通过教学质量评估、教学过程控制、考试考核等措施实现；行业质量监控主要以学生的基本职业素质和职业能力为评价依据，主要通过岗位实习考核、就业反馈等措施实现。旅游管理"双元制"人才培养模式强调对旅游专业学生培养质量的控制要包括学校质量监控和行业质量监控两个方面，而且行业质量监控所占的比重应大于学校质量监控，以体现"双元制"培养模式的"企业人才需求为人才培养导向"的特点。学校可以成立一个专门的质量评估机构，成员由专业教师、学校管理人员和用人单位的人力资源部门人员共同构成，以对学生进行全面综合评价。

3. 旅游管理"双元制"人才培养模式的运行机制

旅游管理"双元制"人才培养模式的运行机制是指推动旅游人才教育发展的要素结构体系及其运行规则，具有一定的稳定性和规律性。"以旅游企业需求为导向的培养目标"是整个培养机制的驱动力，它统筹教育系统所有的要素，并规定了各要素的角色定位以及运行规则。"理论知识"和"实践技能"是旅游专业教育的两大基本模块，两者相辅相成、协调配合，共同服务于"培养适应产业发展需要的综合型旅游管理人才"这一总的培养目标。学校和旅游企业是承担"理论知识教学"和"实践技能培训"的两大主体，互补性利益驱使两者分工合作，最大限度地对校、企教学资源进行系统优化配置与整合，从而为旅游专业人才培养提供充分的资源保障。学校和旅游企业联合培养的人才还需要经过"质量控制"来检验，以检查"教育产品"是否符合旅游业要求。通过质量控制的反馈结果可以发现培养机制中的不合理之处并加以改进，从而不断推动整个培养系统的逐渐完善。

第二节　旅游管理工读交替制（"三明治"）人才培养模式

一、"三明治"人才培养模式概述

工读交替人才培养模式起源于英国，也称"三明治"人才培养模式。1903 年英国桑德兰技术学院在工程和船舶建筑系中最早开始实施该教学模式。学院发现传统教育不能使学生获得实际工作经验，因此在教学过程中夹入工作训练，即要求学生在校学习期间有很长一段时间要走出校门参加实际工作训练。由于这一模式像一块肉夹在两片面包中的"三明治"一样，"三明治"教学模式由此而得名。

（一）"三明治"人才培养模式的发展历史

"三明治"教育模式的演进与发展可以分为以下几个阶段：（1）20 世纪初至 50 年代为"三明治"教育的萌芽和起步期。（2）20 世纪 60 年代至 70 代为"三明治"教育的快速成长期。（3）20 世纪 80 年代至 90 年代为"三明治"教育的成熟发展期。（4）21 世纪初至今为"三明治"教育的繁荣稳定期。

20 世纪初，英国已经有部分技术学院开始了对工学交替教学模式的探索，其中比较有代表性的是在桑德兰技术学院。建校之初，该校管理者就意识到传统教育模式已不能适应社会对人才的需求，认为学生在学习课程时，还应同时获取一些工作经验。于是率先在机械工程学院引入了一种被称作"三明治"教育的工学交替式培养课程体系。

20 世纪 70 年代，英国成立了"三明治教育大学委员会"（UCSC）。委员会通过每年举办论坛和研讨会的形式，促进大学之间的交流，同时与政府建立了工作联系，为"三明治"教育模式的推广做了很多工作。1976 年，英国成立了"三明治教育多科技术学院委员会"（PCSC）。该委员会成立后在多个学院中推广"三明治"教育模式，组织学校交流经验，同时为如何为学生寻找合适工作等问题提供建议和指导。这两个委员会的工作得到了英国政府就业部下属的人事服务委员会的大力支持。1979年，英国成立了"三明治教育与培训教育协会"（ASET）。作为全国性组织，该协会每年举行学校、雇主、学生之间的交流会议，出版反映"三明治"教育与培训发展动态的刊物，为学生和雇主牵线搭桥，提供及时有效的供需信息。

20世纪80至90年代，英国经济出现了严重下滑，学生的实习就业安置工作比较困难，"三明治"教育面临着严峻的挑战。加大政府投入、吸引更多的企业提供学生工作岗位成为"三明治"教育这一时期的重要任务。在这种情况下，英国出台了一系列政府白皮书，从政策导向和资金投入上加大了对"三明治"教育的支持力度。1982年，针对企业提供实习就业岗位不足的问题，英国政府决定对参加"三明治"教育的学生，不论是厚"三明治"还是薄"三明治"课程，都提供每周45~52英镑的资助，用于公司正常实习安置总数之外的学生的补助。1987年英国政府在《高等教育——应付新的挑战》白皮书中，把更有效地为经济发展服务和与工商界建立更密切的联系，作为20世纪最后10年高等教育改革的主要目标之一。1991年政府白皮书《高等教育的框架》中，英国政府进一步提出要鼓励企业参与高等教育的试点工作，旨在通过高等教育机构和雇主的伙伴关系，培养具有劳动技术知识和富有企业精神的毕业生。

进入21世纪，为促使高等教育成为凝聚国家竞争力、促进社会和经济创新性发展的核心单元，英国政府将推动产业界和学术界更为密切的合作作为政策制定的重心。英国政府以发展"世界级的技能"为主轴，出台了高等教育的改革方案。2003年英国教育与技能部颁布的白皮书《高等教育的未来》中指出，"我们的教育必须具备高度的灵活性，全日制课程、非全日制课程、'三明治'课程、远程课程都应该被包括在内，以顺应经济和社会的发展"，并对加强产学合作提出了具体的措施，强调"产业界应与继续教育学院加强联合，通过在职培训、产学联合等方式培养出高素质创新型人才"。这些方案的推出呼应了英国政府提出的"21世纪英国的自然资源是其高素质的人民"的改革口号，体现了政府对加强校企合作、建立一个"官产学"三位一体的国家创新体系的期望，这也给"三明治"教育留下了充足的发展空间。

目前，"三明治"教育在英国高等教育机构中的发展相当广泛，英国大部分的高校都提供"三明治"课程供学生选择。"三明治"课程按照入学和教学类型可分为4种：（1）学生接受职业技术教育和工作训练的时间各为半年，交替进行。（2）接受 4 年制课程的学生，2 年接受正式学校教育，2 年接受工业训练。（3）在 4 年制课程中，安排学生第 2 年或者第 3 年到企业单位实习。（4）在每年的教学计划中安排 9 个月的学校正式教育和 3 个月的实习，或是先进行 1 年的工业训练，接着进行 2 年的正式教育，再配合 1 年的工业实习。

（二）"三明治"人才培养模式的特征分析

1. 根据社会实际需要设置相应专业

英国的专业完全是根据当地的工业、商业、服务业的实际需要而设定的。设置哪些专业和开设哪些课程，事先要经过多次调查，反复征询有关企事业单位的意见，然后进行评价，再报地方委员会批准。有的专业每年招生，有的专业隔年招生，还有的专业隔 2 年招生，如发现劳动市场某类技术人员过剩会马上停止招生。总之，以本地区的经济与社会需要为依据，针对本地区工、农、商等各行业的需求，安排教学计划，提供适应本地区的职业教育课程，使学生毕业后能马上就业，作到学以致用，成为大学专业设置的出发点。大学的教学采用单元制模式。所谓单元制，就是把一门课分成几个符合标准长度、内容相对独立的单元，学生学完几个单元，通过经常性的测验和正式考试便通过了这门课程。学生甚至可以选甲专业的几个单元和乙专业的几个单元，这样跨专业、跨学科选学单元，可使学生学习的知识面拓宽，更有利于发挥学生的才能和特长。

2. 采用"三明治"教学方式

为了使学生一毕业就能适应自己的工作岗位，绝大部分大学都实行了工读交替的"三明治"教学方式：学生先用一段时间学习理论知识，再用一段时间到企业参加生产劳动、验证理论，接着再学习一段理论，然后再回到实践中去，如此交替进行，直到掌握所学专业通过考试并得到毕业证书为止。实践证明，这种教学方式有利于学生更好地理解理论知识，掌握生产技巧和生产过程中较为重要的管理知识，熟悉自己所从事的生产活动在整个生产过程中的地位及其前后衔接的生产程序和关系。英国教育的工读交替制（"三明治"学制）主要分为长期和短期两种。长期的工读交替制是指在学院学习和在企业工作的年限都较长。有"2+1+1"模式，即 4 年制的课程中前 2 年在学校学习，第 3 年在企业工作，第 4 年又回到学院学习、考试、取得证书。有"1+3+1"模式，即 5 年制课程中第 1 年在企业工作，第 2、3、4 年在学院学习，第 5 年又回到企业。短期的工读交替制更为常见，通常为 6 个月。工读交替制的学生也分为两类：以企业为依托的和以学院为依托的。以企业为依托的学生，无论是在企业工作还是在学院学习，都由企业付给薪金。以学院为依托的学生，在学院学习期间由学院提供资助，在企业时领取企业付给的工资。企业的学生可以通过学习获取更高的职业资格，改善其职业前程；学院的学生由于有企业实习的经历，因而有可能在择业中处于优势。这种学习形式要求有非常细致、周密的组织，使得学院的学习与企业实习融为一体，同时对教师的要求也比较高。

3. 学制灵活

既招收一般中学毕业生，又招收在职人员；既担负职前教育，又承担职后进修培训的继续教育；既有全日制、半日制，又有夜间制、函授制。更为突出的是，"三明治"模式可提供多级水平的课程，毕业生能获得不同的学历资格。

4. 企业在教育中发挥重要作用

在英国，企业从以下几方面积极参与教育：雇主在一些教育基金会等关键机构中任职，雇主直接参与学校领导班子，企业参与制定职业资格标准，企业参与对学校的评估，企业以各种方式为学校提供资助以及与学校建立合作办学制度，提供实训设备、场地等。学校非常重视进行社会调查，总是根据社会、企业的需要设置专业，并严格按照企业或行业协会制定的标准进行教学计划。把职业知识纳入学校课程，开设"工作经验课程"。让学生定期到企业参观，同时学校教师也会经常到企业度过一段时间，以帮助他们熟悉工作环境。职业教育与企业界的密切合作还体现在职业教育与培训革新计划。1983年"青年培训项目"开始实行，该项目的重点是让青年在工作中得到实际锻炼，也使雇主关心教育，并和学校一起承担培养下一代的责任。类似的项目还有"技术职业教育计划""教育—企业伙伴计划"等。

1988年起开展的"共训工程"则是以企业方为主，要求企业协助学校贯彻教学大纲、提高师生对经济和企业的了解，提高教学成绩，帮助及辅导个别学生，对学生学习、实习项目提供专家咨询，提供贯彻教学大纲所需的物质资源。此外，还要为学生提供业余或暑假打工机会，有计划地组织参观公司、企业的活动以提高学生对将来工作的了解，得到实践经验。同时，也要求学校使教学更具有针对性，和企业一起加强对学生的就业指导，为学生提供实践机会，并为学生提供继续教育和培训的费用。在学校和企业联合管理"共训工程"中，企业还要为教师提供工作岗位，支持企业职员到学校工作，加强校企交流。

5. 政府通过立法给予支持

为了促使企业参与教育，政府可以通过立法，确保在承办继续教育的学校和公立中学的管委会中有企业主代表。1989 年英国政府宣布成立培训与企业协会，目的在于让企业在当地组织中起主导作用，赋予它们培训青年的重任，这样就使学校教育与职业培训得到协调发展，从而使双方的合作更加密切。企业主需要录用基础知识扎实、有培养前途的合格青年，因此他们对学校的教学方法和目标以及改革方式都要有所了解。同时，学校要符合企业主和青年人的要求，时刻掌握工作与劳动力市场的最新信息。

（三）"三明治"人才培养模式的优势

"三明治"人才培养模式，就是把学生在校的课程学习与在具体行业领域的工作结合起来。如果工作时间为一年，既可以集中进行，也可以分开两个时段进行。实行这种"三明治"人才培养模式，申请者需在入学前提出申请，提交中学成绩单，由大学和工业部门分别对申请者的基础理论知识和工程方面的知识进行面试。在大多数四年制的"三明治"培养模式中，到大二下半学期时，学校将帮助学生向多个合作公司申请带薪实习机会，学生往往要填写多个申请表格，有的还要在线做测试题，再经过电话面试后被录取。因为学校和公司有合作关系，学生被录用的可能性较大，但并不是 100% 能被录取。很多大学还设有专门的"三明治"课程辅导中心，帮助学生选择适合自己的带薪实习公司，让学生明确自己的实习目的和需要学到的东西。辅导中心的支持会贯穿整个带薪实习的始终。被录用者从学年开始在企业度过为期一年的学徒期，由企业部门指定导师给予指导。在此期间，学生每周有一天到大学学习数学、设计导论、现代制造技术等课程。一年实习期满后继续回到大学学习。最后一年，学生要围绕一项来自工业部门正在进行的具体工程项目做课题设计。

"三明治"培养模式将工程设计、研究、实验与教学融为一体，使学生能在其选择的典型工业环境中学习，并伴有各种社会、经济、生产革新活动。它不仅给学生提供了适当的理论知识与实践相结合的机会，而且使学生在做好就业准备的同时具有较高的技能和创造力，同时还可减轻学生经济方面的负担。如拉夫堡大学，由于该校与工业界联系异常紧密，第三年工作实习是由校方来保证的，因而在两年基础课学习之后，学生在第三年工作实习期中是不需要交学费的，仅需向学校交付约 1850 英镑的管理费即可。而工作实习均为有偿，年薪在 1 万 ~2.5 万英镑，这一年的实习工资基本可满足第四年的学习和生活费用。换句话说，只要花两年的学费和生活费即可完成四年的本科学习。更重要的是，"三明治"课程大多与国际知名企业合作，学生在取得学位的同时也能获得难得的国际企业工作经验，这对毕业后找到一份好工作起着至关重要的作用。

"三明治"课程被认为是学生学习期间取得实践经验的一个好办法。学生毕业时不但能够获得学历，同时也拥有相关工作经验。它的另外一个优点是，学生能够在学习期间获得经济收入，而且一年的工作经历不仅使学生们变得成熟、自信，同时也掌握了工作技能。这段经历使学生能够轻松就业，甚至有可能在实习的公司实现就业。各行各业的带薪实习机会能让学生真正走入社会，思维上实现从单纯的学生到社会成员的转变，学会如何在工作和社会中与人相处，这段经历尤为宝贵。

二、旅游管理"三明治"人才培养模式

（一）旅游管理"三明治"人才培养模式的理论基础

1. 建构主义的教学设计

尽管不同的建构主义学派研究问题的侧重点与角度均有所不同，但它们的观点中都包含着与学习有关的基本成分，即强调每个学习者应基于自己与世界相互作用的独特经验和赋予这些经验的意义，去建构自己的知识，而不是等待知识的传递。知识是人建构的，而不是独立存在于人脑之外的。由此出发，建构主义的基本学习原理是：理解是通过与环境的互动而发生的。认知冲突或疑惑是学习的动机，并决定着学习内容的实质和组织。知识是通过社会磋商和对理解发生的评估而展开的。个人是测试我们理解的一个基本机制，协作小组测试我们对问题的理解。

支持建构主义理论的 10 条教学原则是：（1）支持学习者所有的学习活动，以解决一项重大任务或问题；（2）学习者必须根据这项重大任务的复杂性清楚地感知和接受这一具体的学习活动；（3）支持学习者以所有问题的物主身份进行学习；（4）诱发学习者提出问题并利用它们刺激学习活动，或确认某一问题，使学习者迅速地将该问题作为自己的问题而接纳；（5）设计一项真实的任务；（6）设计任务和学习环境，以反映环境的复杂性；（7）在学习过程中，学习者必须在这一环境中活动；（8）设计学习环境以支持并引发学习者的思考；（9）鼓励对各种想法进行尝试，反对两者必居其一的观点和二者择一的环境；（10）提供机会并同时对学习的内容和过程进行反思。

体现建构主义的价值并进行相应的教学设计要符合以下 5 项主要原则：（1）在学习者和教学实践潜在的损伤性影响之间维持一个缓冲，重视学习的情感领域；使教学与学习者个人相关；帮助学习者发展技能、态度和信念，

以支持学生对学习过程的自动调节；维持控制学习情境的趋势和促进个人自律之间的平衡。（2）为同时支持自律与关联的学习提供一个环境。（3）将学习的原因嵌入学习活动自身。（4）学习者为发展重构过程而承担不断增大的责任，应通过促进这些技能和态度的形成来支持自动调节的学习。（5）增强学习者参与预定的学习过程的倾向，尤其应鼓励学习者采用错误探究策略。

2. 以学生为本的教学思想

"以学生为本"，就是对"以人为本"的科学发展观的落实和贯彻。就教育行业而言，"以人为本"中的"人"就是指学生，学生是教育关系和学校关系的主体，应该成为学校的"主人"，包括教育制度设计、教育管理、教学改革等各个教育相关环节，都必须围绕着提高学生素质、保障学生权益、尊重学生人格展开。在以往的教学改革中，改教多，改学少。在教与学的关系上，学生的学习一般处于被动的状态，学习的积极性、主动性难以充分发挥。

教育理念从"以教为本"到"以学为本"，确立学生的主体地位。为学生的自主学习提供多样性的选择，让学生在统一培养目标要求下，根据个人需要、就业需要、社会需要来组建合理的知识、能力、素质结构。为学生的个性发展创造了良好的机会和条件，有利于学生根据自己的特点自主学习、自我完善知识结构和能力结构，促进综合素质的提高。以"学"的活动作为教学改革的切入点，通过学生学习方式的变革来推动"教"的改革和教学质量的提高，体现对学生主体地位和能动性的认可和尊重、对学习活动独立价值的重新审视与评价以及对传统学习机制的转换与重构。实现学生角色意识的转变和学习方式的变革，并充分发挥其有效价值，学校根据实际需要，在确定培养目标与课程目标时，鼓励学生自我管理和自我调节，并尽可能使教与学的活动在真实的工作情境中进行，并提倡学生对学习内容的主动归纳以及对不同观点的讨论，使其实现对知识、技能、情感态度等内容的主体性建构。这样，不但可以有效地提高学生的综合职业能力，增强教学的有效性，培养学生可持续发展的能力，而且还可以将知识、技能、生活和生存知识的学习同未来的生活与工作结合起来。

3. 教育为社会服务的理念

为区域经济发展服务是高等院校的一项重要职能。具体地说就是为其所依托的区域行业企业服务。高等院校因企业的生存发展而发展。没有行业企业需求，高等院校就没有存在的必要；没有行业企业的支撑，高等院校也无法按照企业和行业的人才需求来实施人才培养工作；没有企业和行业的参与，工学结合人才培养模式的建立和实践更是无从谈起。因此，要建立工学结合人才培养模式，首先必须与行业企业建立密切的"血缘"关系，把学校融入行业企业之中，把行业企业的理念和文化引入学院，使高等院校与行业企业共同对人才进行"全方位""全天候""全过程"的培养，才能真正实现工学结合的人才培养模式。

为企业培养合格的高素质技能型人才，才能实现学院的自身价值，才能促进企业的兴旺和发展，才能实现高等院校的可持续发展。在某种意义上说，校企合作是高等院校的生命线，因此必须与行业企业建立密切的"血缘"关系。从分析学生未来工作岗位和岗位能力入手，科学界定培养目标和培养方向。

（二）旅游管理"三明治"人才培养模式的特点

国际上对旅游教育的内涵已达成共识，教育已不再是单纯的职业训练或培养，而是完整地包括了对旅游行业的认识、情感和技能等。旅游教育除了应继续重视学习者的技能学习外，还应使学生在认识、情感、技能等方面获得全面发展。旅游管理"三明治"人才培养模式应遵循实践教育原则、积累与熟练原则来设计。教学活动应该使学生在理解的基础上，获得广博、深厚和牢固的基础知识和基本技能，形成良好的个性品质，进而使他们对知识、技能的掌握能够达到熟练和运用自如的程度。

旅游管理"三明治"人才培养模式的基本特点：一是学校学习与旅游企业实践交替进行，学用紧密结合；二是旅游行业参与育人的过程；三是学生具有双重身份；四是具有两个教学场所。工学交替、顶岗实习是旅游管理学生职业能力形成的关键教学环节，也是深化旅游管理"三明治"人才培养模式改革，强化学生职业道德和职业素质教育的良好途径。通过工学交替、顶岗实习，使学生能够尽快将所学专业知识与能力和生产实际相结合，实现在学期间与企业、与岗位的零距离接触，使学生快速树立起职业理想，养成良好的职业道德，练就过硬的职业技能，从根本上提高旅游管理人才培养的质量。

（三）旅游管理"三明治"人才培养模式的实施措施

1. 主要内涵

所谓工学交替，就是指学生在校期间，通过学习和工作交替进行的方式进行人才培养，形成"学—工—学"的交替形式，也就是"理论—实践—理论"的人才培养形式。校企合作、工学交替主要有四个特点：一是学校学习与旅游企业实践交替进行，学用紧密结合；二是旅游企业全程参与育人的过程；三是学生具有双重身份；四是具有两个教学场所。

2. 主要任务

（1）促进学生学习方式的改变

"三明治"的人才培养，是旅游管理学生学习与工作相结合的一种教育形式，是旅游教育人才培养模式的重大创新和深刻变革，它的最大特点是学生学习的开放性、实践性和职业性。

实施工学交替对于旅游管理学生来说，它意味着走出讲授纯理论的教室，以"职业人"的身份参与实际工作，在工作实践中学习成长。一方面有旅游企业的人员指导，另一方面有院校教师协助旅游企业对学生进行组织和管理，使学习生涯与未来的职业生涯尽早连接起来，完成学生角色向职业人角色的转变，实现学习与就业岗位无缝对接。

通过实施工学交替人才培养模式，构建真实的工作情境，让学生在旅游企业提供的真实工作场所中获得丰富的实践知识和理论知识，并使知识内容与工作情境直接相联系，练习技术实践，实现学生角色意识的转换，实现其理论知识和实践知识的整合。"三明治"的人才培养模式，能够实现旅游企业、学生、旅游院校和社会的共赢。

（2）改善实习实训方式和条件

充分利用旅游企业的实习实训资源，为学校的实践教学提供保障，解决旅游管理专业校内实习实训基地条件差的问题，为学生实践能力的培养提供了有效的保障。将旅游管理专业的模拟式实习实训进行彻底的改革，缩短专业实践教育与就业岗位的距离。

（3）实现"校、企"的共赢

实施工学交替对旅游企业来说，它可以借助院校教育把自己的用人要求贯穿到学生教育培养的过程之中，从而能够得到自己所需要的实用人才，为旅游企业的发展提供高质量的人力资源，同时也可以利用学院教师对旅游企业员工进行培养，提升旅游企业员工的文化素质。

实施工学交替对旅游院校来说，可以充分利用旅游企业生产条件和职业氛围强化对学生职业技能和职业道德的培养，把教育培养从课堂扩展到生产现场，实现在生产过程中育人的目的，同时把学生的就业工作前移，使就业与教育紧密联系在一起，充分体现"以服务为宗旨，以就业为导向"的办学方针。

旅游企业通过旅游管理专业教师的培训，可以提升旅游企业员工的从业素质；旅游企业全程参与旅游管理专业的人才培养过程，以"教学相长"提升管理人员的素养。采取"三明治"的人才培养模式，将旅游企业的利益和学校的人才培养有机地结合在一起，使学生的学习与就业岗位和岗位群零距离接触，实现教育和旅游企业需求接轨，推动校企互补、合作共赢。

（4）培养双师型教师

双师型教师培养一直是旅游教育的难题，采取"三明治"的人才培养模式，通过聘请旅游企业管理专家作为专业带头人，聘请旅游实践专家现场指导并让他们担任兼职教师，可以充分利用旅游企业的人力资源，解决旅游管理专业兼职教师偏少、双师素质不足的难题，并且让带队教师深入到旅游企业第一线，可以进一步提升他们的实践教学能力。

（5）改革教学模式，提高课程的实践效能

旅游院校在教育教学内容上应该充分考虑旅游企业员工的任职要求。旅游企业与旅游院校共同进行课程开发，系统设计旅游管理专业教学方案。通过实行"三明治"人才培养模式，能够将学生的工作和学习有机地结合起来。通过工学交替措施，使旅游企业全方位参与旅游管理专业的人才培养，让旅游管理专业的培养目标更为明确、培养方式更加切合旅游企业的实际，使学生就业后能很快适应旅游企业的发展。

3. 建设重点

（1）搭建校企合作平台

实施学校与旅游企业之间"请进来、走出去"的教学改革，让旅游企业专业人士参与到学校教学中来，让学校专职教师真正深入旅游企业，同时也让学生走出校门，走向真实的工作岗位。

（2）进行课程体系重构

邀请旅游企业专业人员参与学校的课程设置，请他们对旅游企业人员所需要的知识技能进行描述，就已开设的课程及其内容进行评价，根据旅游企业实际工作岗位的需要重新构建课程体系。

（3）促进产学合作的深化

学校应该建立相应的制度，保证专职教师分批次真正深入旅游企业进行顶岗实习，了解旅游企业各岗位群及其技能要求，厘清主要的职业技能及核心知识，构建以职业需求为主线的课程体系；同时与旅游企业合作，建立学生实训实习基地，可以使学生在毕业就业前能够充分了解旅游企业的工作。另外，搭建校企合作平台可以解决学校与社会脱节的问题以及"双师型"教师不足的问题。

4. 主要内容

旅游管理"三明治"人才培养模式主要包括：培养定位、培养目标、培养质量要求、能力板块与构成要素、课程体系、人才培养运行、教学模式和师资模式。

（1）培养定位

旅游教育的培养定位是高级技术应用型人才，毕业生不仅要能够熟练应用岗位工作的技能、技术，还要有能力驾驭策略层面的工作，具有某一岗位群所需要的生产操作和组织能力。

（2）培养目标

旅游管理专业的培养目标是要培养适应旅游管理和服务第一线需要的，掌握现代旅游企业经营管理基本知识和服务技能的，从事旅游企业经营管理和接待服务的高素质技能型人才。

（3）培养质量要求

①树立科学的世界观和人生观，具有良好的职业道德和奉献精神，自觉地为社会主义现代化建设服务。

②具有一定的人文社会科学与自然科学知识，掌握旅游管理与服务专业的基础知识、基本理论和基本技能，获得专业发展的初步训练。

③具有获取知识和信息的能力、分析问题和解决问题的能力以及不断创新的能力。外语水平达到规定的标准，能比较熟练地使用一门外语；计算机水平达到规定标准。

④鼓励学生个性发展，通过课程选修，拓宽学生知识面，在某些方面有较突出特长。

（4）能力板块与构成要素

旅游管理专业课程体系设计是专业目标、定位的具体化过程，课程是教育教学改革的载体。课程体系设计要结合旅游企业行业职业资格标准，依托职业素质要求和岗位能力要求，从思想政治素质、人文与科学素质、身心素质、职业素质、通用能力、服务能力、经营管理能力、拓展能力等方面入手，构建培养内容。

（5）课程体系

在旅游管理专业人才培养过程中，构建"二二三二"的课程体系，即根据课程体系中对学生思想政治素质、人文素养与科学素质、身心素质、职业素质、通用能力、服务能力、经营管理能力、拓展能力培养的需要，将原有的教学内容和方式进行调整，为了使学生的实践与理论结合，必须做到课内教育和课外教育并重，培养学生人文素质和职业能力，从课程、教师、基地三方面着手，使学生在校取得职业资格证和毕业证。旅游管理专业的"二二三二"的主要内容包括：

①"学生主体"的课内、课外两个教育体系。在旅游教育中，教师是教育的主导，学生是教育的主体。为了培养符合社会需要的旅游专业学生，仅仅依靠学校对学生理论知识和旅游企业基础课程的课内教育是不够的，还需要在学生的素质、社会实践方面加强课外教育，以此形成两个教育体系。

②"理实结合"的人文素质知识和职业能力课程两个培养系统。旅游教育培养的学生是综合素质好的高技能应用型人才，学生除了具有过硬的职业技能外，还要具有良好的人文素质。为了达到这个基本要求，旅游管理专业必须对学生进行职业基础、职业技能和职业拓展教育，而且还要加强学生的政治思想、职业道德、人文素质、科学素养、身体素质、心理健康等方面的教育，形成人文素质知识和职业能力两个系统。

③理论、实践体系交替、融通。旅游专业学生的培养要从课程、教师、基地三方面着手，三个同时抓。根据具体的工作岗位、工作任务制定行之有效的课程标准。建立双师团队，除了在学校内部培养一批具有双师素质的教师外，还在旅游企业行业内部聘请技术骨干、管理人员作为学院的兼职教师，建立专家团队。加强实习实训的基地建设，在校内建立旅游企业专业所需的各项模拟实训室，在校外与旅游企业签订实习基地协议，为学生的实习实训创造良好的内外环境，将理论与实践更好地融合。

④全面推行"双证制"。旅游管理专业的学生在校期间，不仅要完成学校的学习任务，顺利获取毕业证书，更要在学习期间，考取各类旅游专业职业资格技能证书，到毕业时获得"双证"。

（6）人才培养运行。根据人才成长理论，设计整体培养计划。以酒店管理（三年制）为例，示范整个教学过程。学生全学程分为6个学期：第1学期，认知职业，注重学生基本技能和素质训练。第2学期，强化职业技能，职场见习。第3学期，以双元制模式为基础，进一步强化专业知识和技能训练，坚持课堂学习与工作学习相结合，在真实情景中构建知识，强化工作职业技能训练和职业素质培养，使学生成为"准员工"。第4学期，学生再次回校进行管理能力的学习。第5、6学期，进行毕业设计和论文写作，并见习就业。

（7）教学模式

整个教学坚持以能力为本的教学模式。

①理论课教学。旅游教育的理论教学在整个教学中起着主导性的作用，它决定了教学的课程设置和教学内容，确定了实践教学的项目和内容。旅游教育要培养的是高等技术应用型的专门人才，因此必须做到理论教学为实践

教学服务。

旅游院校的人才培养方案要邀请行业专家指导专业建设，根据行业和旅游企业的实际需要进行不断调整和优化。制定严格的考核办法和标准，考核方式灵活多样，进行教学方法与手段的改革，采用多媒体等教学手段。

②实践性教学

实践性教学包括以下几个方面：

首先，加强旅游院校内部实训室建设，建立旅游管理专业教学所需的各类实训室等校内实训基地，用于旅游管理实训课的教学，为学生提供良好的校内实训实习条件。

其次，加强校企合作，建立校外实训基地，是提高学生实践能力、综合素质的主要途径，使学生能在真正的工作环境中学习、锻炼，培养学生从事和胜任职业岗位的能力，让学生的理论知识能在实践当中得到升华，能力得到提高。通过签订协议，与旅游企业共建校外实习基地。

最后，为了保证学生实习质量，必须加强对实习的管理力度。旅游院校应该与实习单位签订《顶岗实习协议》，建立相关实习管理制度（如《顶岗实习管理办法》《专业实习成绩考核办法》等），在实习过程中安排专门的实习带队老师，对学生的思想、工作、学习进行管理，并负责与实习单位进行联系沟通。带队教师根据自身情况，在实习单位进行挂职锻炼，不断提高专业的实践能力和水平。

③职业素质教育。学生的素质教育，应贯穿于人才培养的始终。通过邀请旅游企业行业专家、技术骨干开展专题讲座，加强职业素质教育，使学生具有良好的职业道德，并培养学生爱岗敬业、诚实守信、遵纪守法和善于合作的精神。

（8）师资模式

以校企合作为建设基础，打造"双师型"教师队伍。

旅游院校教师，既要具有普通高等院校教师的基本素质，还要具备较强的实践技能，因此教师必须加强在旅游企业的锻炼，熟悉、了解旅游企业经营、运作，通过担任学生的实习带队老师，进行旅游企业挂职锻炼，不断提高自己的教学水平和实践能力。打造"双师型"教师队伍建设显得尤为重要，要将旅游企业技术骨干、管理人才、行业精英聘请到学院，进行校企联合，打造出一支"双师型"团队"。

5. 保障建设

（1）加强教学管理

保证实践教学的顺利进行在"三明治"培养模式的实施过程中，要求实践教师和专业理论教师对学生进行全面了解、有效沟通，还要配合旅游企业的相关技术人员，对学生在生产实践过程中对工作流程与技能方面的疑问进行及时引导与解答等，促进"工学交替"的良性发展。

（2）建设"双师"队伍

为了做好"教"的文章，学校一方面积极引进旅游管理高层次管理人才，另一方面把教师送到旅游企业实践。增强教师的实际动手能力，让教师经过实践体验，明白旅游企业的需求。此外，邀请旅游企业的专业技术人才和高技能人才担任兼职教师，把他们的技术技能传授给学生。

（3）形成和完善专任教师的考核与激励机制

旅游管理专业在考核评价机制上，采取校企共同评价的方式，评价指标从个人业绩转向成员对教学团队所作的贡献，从发表论文、编写教材、参与课题等单纯的数量评价转向以教学质量提高程度和对经济社会发展的贡献大小为重点的质量评价，重点扶持创新能力强、发展潜力大、业绩突出的中青年骨干教师。真正注重"双师型"教师的培养和激励，使教师具有现代教育理念，能够熟练使用现代化教学设备，能够指导旅游管理专业学生完成高质量的实习毕业论文，能够为旅游企业基层服务人员进行专业技术培训，能够为旅游企业提供咨询服务，解决旅游企业服务过程中的实际问题。

（4）强化实训基地建设

校内实训基地建设和校外实训基地建设必须强化，校企双方进行的深度合作不仅仅限于模拟教学，而应该以实际需要为导向开展教学，实现旅游企业资源共享。

（5）改革学业评价管理

旅游管理专业学生的学业评价主要依据两个标准进行，即校内成功标准和校外成功标准。校内成功标准是指判断学生成功与否不是看分数高低，而是要看学生的专业知识水平、实际操作能力以及职业素质的养成。校外成功标准要求学生在职业中证明自己的成功，主要指标包括专业技术水平、求职能力、职业生存能力以及创业能力。相对而言，校外成功标准是主要的，校内成功标准是依据职业界的要求而制定的，是用人单位对所需员工的用人标准和评价标准的引进。

第三节　旅游管理 TAFE 人才培养模式

一、TAFE 的概况

（一）TAFE 的含义

TAFE 是指技术与继续教育，即 Technical and Further Education，缩写为 TAFE。TAFE 是产生于 20 世纪 70 年代的澳大利亚全国通用的职业技术教育形式，是澳大利亚政府直接领导下的技术和继续教育的简称，其机构由国家培训管理局、州教育培训部和 TAFE 学院院级董事会组成。它是澳大利亚政府为了解决学校人才培养与就业市场之间的接口问题而建立的一个教育体系，是建立在终身教育理念基础上的具有鲜明特色的职业教育制度，旨在为各行业培养有实际工作能力的人才。TAFE 是全国性认可与互通的职业培训教育体制，主要提供专业技能的训练课程。目前，澳大利亚共有 85 个 TAFE 学院和 1132 个校区，每年有近十分之一的澳大利亚人接受 TAFE 的培训与教育。

广义的 TAFE 主要有四种含义：第一种是指技术教育和继续教育，其中技术教育指以技术、技能为内容的教育。技术教育可以分为两类，一类是与职业生涯相关的技术教育，另一类是与职业生涯无关的技术教育。第二种是特指澳大利亚公立职业技术学院（简称 TAFE 学院），这类学院在澳大利亚教育体系中具有重要地位。它们是职业技术教育（包括中等和高等职业技术教育）的主要提供者，也是行业培训的主力军，为各个行业提供了高质量的技术、服务、管理培训，对澳大利亚经济发展和社会稳定作出了巨大贡献。第三种是指由澳大利亚政府、各类行业协会、TAFE 学院、企业和学生共同组成的公办职业技术教育体系（简称 TAFE 体系），这个体系是"一种在国家框架体系下，以产业为推动力的，政府、行业与学校相结合的，并与中学和大学有效衔接的，相对独立的、多层次的综合性职业教育培训体系"。第四种是指以澳大利亚为代表的人才培养模式（简称 TAFE 模式）。这种 TAFE 模式被归纳为一种多层次、综合性的人才培养模式，这种模式首先由国家制定框架体系，同时以产业为推动力，政府、行业、企业与学校密切配合，在办学过程中以学生为中心、以职业技能为导向，与中学和大学进行有效的衔接。

（二）TAFE 体系的形成和发展

澳大利亚 TAFE 体系的形成和发展经历了以下四个阶段：

第一个阶段是 TAFE 的起步阶段（1972 年—1975 年）。1973 年 3 月，澳大利亚联邦政府成立了技术与继续教育委员会，明确提出把技术教育与继续教育结合到一起，把学历教育与岗位培训结合到一起，实行柔性的教育培训方式等一系列主张。1974 年该委员会向教育部长提供了一份报告，该报告对"技术与继续教育"（TAFE）的内涵进行了界定，建议联邦政府向各州提供资金，促进澳大利亚职业技术教育的发展。1975 年 5 月，该委员会再次向教育部长提交报告使 TAFE 获得了用于新教学楼建设、师资队伍建设、图书馆建设、教学大纲研究与开发和广告策划的联邦资金。澳大利亚技术与继续教育委员会的成立及关于 TAFE 的两个重要报告，提高了公众对 TAFE 的认识和了解，为 TAFE 的发展奠定了基础。

第二个阶段是 TAFE 的快速发展阶段（1976 年—1982 年）。在这个阶段 TAFE 发生了很大变化，联邦政府出台了许多重要政策，对 TAFE 的教育理念和教育结构产生了重要影响。TAFE 不仅成了教育体系的重要组成部分，而且成为联邦政府经济和社会政策的主要载体。澳大利亚政府加大对 TAFE 学院的资金投入，帮助其扩大专业范围、提高教学质量、改善教学设备，增强 TAFE 学院对社会需要的反应能力，这些措施使 TAFE 学院注册学生人数不断增加，学生结构也发生了显著变化。TAFE 灵活多样的办学形式，已经吸引了澳大利亚越来越多的各行各业的学员接受高职教育，推动着高职教育向大众化方向发展。

第三个阶段是 TAFE 的完善发展阶段（1983 年—1992 年）。在 TAFE 委员会的努力下，1981 年在阿德雷德成立了"国家 TAEF 研究中心"（National Center for Vocational Education Researeh，NCVER），该中心的主要目的是：第一，利用专家经验研究开发国家主干专业，促进 TAFE 学院的课程内容和专业标准的一致；第二，开发建立覆盖全国的 TAFE 高等职业技术教育统计信息系统，用来收集有关 TAFE 体系的信息。1983 年 11 月至 1984 年 3 月，澳大利亚 TAFE 委员会通过并执行了包括 4 个主要分类和 19 个子类在内的专业分类方案和新的 TAFE 证书系统，这标志着澳大利亚 TAFE 系统结构和理念有了新的进展。1990 年前后，TAFE 系统结构和职能发生了一些变化，主要是向培训市场发展，向以能力为基础的训练转移，向综合技能推进。联邦政府国家教育管理体系与结构也随之发生了变化，联邦政府先后成立了就业、教育和培训部，国家就业、教育和培训董事会，高职教育、就业和培训顾问委员会。在 20 世纪 90 年代初提出了以能力为基础的训练要领概念。这些调整和变化使各州以不同方式重构 TAFE 系统，但是在重构过程中也显现出明显的共性：

首先，把 TAFE 纳入就业和培训范畴；其次，TAFE 从政府职能转向商务活动，增加收入；最后，把管理权力移交给 TAFE 学院。

第四个阶段是 TAFE 的巩固提高阶段（1993 年—1999 年）。这一时期澳大利亚的职业技术教育体系发生了重大变化，最终形成了制度性的结果，形成了一个完整的 TAFE 体系。

1992 年，联邦政府成立了澳大利亚国家培训局（Australia National Training Authority，简称 ANTA），主要职能是负责制定发展高职教育与培训的国家战略，为联邦政府向各州发放高职教育与培训方面的经费，管理国家培训框架。因此，国家培训局（ANTA）毫无疑问成为澳大利亚职业技术教育和培训体系中的核心机构。1995 年澳大利亚资格框架（Australia Qualification Framework，简称 AQF）建立了，它的建立标志着澳大利亚高职教育与其他教育衔接、沟通的立交桥建立起来了。经过 30 多年的发展，TAFE 已经成为澳大利亚职业技术教育中的重要支柱，形成了一种在国家框架体系下以产业为推动力，以政府、行业与学校相互结合为特征，以客户（学生）为中心，进行灵活办学的、与中学和大学有效衔接的、相对独立的、多层次的综合性职业技术教育培训体系。

二、旅游管理 TAFE 人才培养模式特点

澳大利亚 TAFE 人才培养模式被公认为世界上最为先进、最具代表性的职业教育模式之一，它的成功在很大程度上归结于它所具备的、区别于其他职业教育模式的特色，主要体现在以下几点。

（一）多元化的投资体制与公平竞争的经费管理

TAFE 投资体制的多元化体现在建立起了政府、行业、旅游企业和个人多元化的投资体制。TAFE 办学经费来源是多渠道的：一是政府投资，联邦和政府的投入约占总经费的 50%，主要由州政府负责。联邦政府主要是制定政策，同时也给予一定的资助。联邦政府的拨款基本用于基础建设和部分专项设备的购买，同时也重点支持优先发展的领域或专业。二是学校自筹经费，约占 25%～30%，这部分经费主要是通过有偿服务和开展海外培训活动获得。TAFE 办学机构除了完成当年的招生计划外，政府还鼓励其以有偿服务的方式为旅游企业、公司和社团等用人单位培训人员，同时对海外学员规定收取全

额学费每人每年约 1 万澳元。三是学生交纳的学费，约占 25%～30%。学生交纳的学费每年大约 2500 澳元，约占培养成本的 20%。这部分经费并不直接交给学校，而通过税务部门上缴政府，再根据不同情况返还学校。由此可以看出，TAFE 的经费管理是在一种公平的环境下遵循市场的发展规律的管理方法。TAFE 学院的办学条件、成本的高低、效益的多少将决定它能否得到经费支持。政府的经费支持方式也是根据学校的办学是否适合社会发展的需求、教学质量高低、学生质量优劣、就业率高低、所使用经费多少来决定是否给予财政支持。这种方式使 TAFE 学院处于一种竞争的环境之下，竭尽全力地提高自己的办学质量，让自己的各种条件符合财政拨款的标准。这种机制促进了 TAFE 学院的良性发展，也促进了澳大利亚旅游教育的发展。

（二）有效的质量监控管理

从管理角度看，TAFE 系统中的管与教的职能是相对分离的，这使得 TAFE 机构成为真正意义上的服务者。TAFE 机构是根据职业与培训教育机构提供的整套培训计划和大纲，依据州教育部教育服务处提供的教学计划、教学大纲、教材与实习指导书等，配置与行业实际工作岗位相一致的先进的实验、实训设备设施，设计教学程序，组织实施课堂教学和专门技能培训。因此，TAFE 学院在开始课程之前，各个方面的准备工作就已十分充分，准备工作中各个部分都是根据计划、目标制定的，这些准备工作为 TAFE 学院的教学质量打好了基础。与此同时，澳大利亚国家培训局还要对每个学院的教学质量进行监控和管理，每个州政府还要对毕业生进行追踪调查，确定其培养效果。这种有效的质量监控管理保证了 TAFE 学院的办学质量和毕业生的质量，也为 TAFE 学院能否继续得到财政支持提供了保障。

（三）统一的证书衔接管理

1. 澳大利亚教育资格框架

澳大利亚教育资格框架是普通教育、职业教育与培训、高等教育（大学）资格的一体化体系，这种体系是实施终身教育、实现 TAFE 与其他种类教育沟通的立交桥。澳大利亚教育资格框架设有 12 级证书，其中包括高中教育证书、部分资格证书、1~4 级证书、文凭和高级文凭、学士文凭、毕业生文凭、硕士证书和博士证书，且每一级证书都要求在内容上相互衔接。

2. TAFE 的专业证书

TAFE 的专业证书是从低级到高级六种等级的专业证书，包括初级证书、操作技能证书、技术证书、高级技术证书、文凭证书和高级文凭证书。学生通过学习各个课程模块之后可获得一定的学分，在学分积累到一定阶段之后才能获得相应的等级证书。各种等级的教育之间都是相互连接的，只要是高中毕业就可以进入 TAFE 学院进行学习，要是取得了高级文凭证书就可以进入本科层次的大学二年级进行学习，将来可获得学士学位。这种方式使 TAFE 学院与高等院校之间联系比较紧密，也方便更多的学生进入 TAFE 学院学习。

（四）严格的师资管理

TAFE 学院的主要工作任务是开展教学，因此教师的质量是决定教学质量的关键因素。担任 TAFE 学院的教师除了具备本科学历，进行过师资培训之外，还必须有五年以上的在旅游企业工作的经历，必须具备岗位的职业技能。可见，TAFE 学院对师资的管理是相当严格的。教师在 TAFE 学院任职之后，为了顺应社会的发展，必须不断更新自己的职业技能知识。对学院的每一位教师都会给出进入旅游企业进行职业技能学习的时间。教师可以去旅游企业做一段时间的兼职工作，这样可以时刻和旅游行业保持联系，了解旅游行业的职业技能进展情况。除此之外，TAFE 学院的教师是采用专职教师和兼职教师相结合的方式，兼职教师一般是在旅游行业工作的人，掌握旅游行业最新的科技信息和科技成果，这样学生可以接收到旅游行业最新的信息和技术。TAFE 学院的教师不仅仅是在学校中教学，还会经常参加旅游行业协会的活动，不断地提高自己的知识和技能水平。

（五）市场化的专业设置

"专业设置以市场为导向，以满足社会需求为目标，并完全根据市场需求变化调整和修订"，这是澳大利亚各类院校专业设置的基本思想。TAFE 的专业设置是完全根据当前市场的需要，旅游行业中需要什么样的人才就开设什么样的专业，市场发展新动态和企业发展新需求成为 TAFE 学院发展的外部驱动力，TAFE 学院的生存和发展则依赖于企业，为企业雇主服务。TAFE 在设置专业之前要依据全国的旅游行业组织对人才的数量和能力要求进行预测，并要通过地方的教育部门和行业组织进行审核来确定是否开设。行业顾问委员会行使专业设置的权力，要求专业设置必须符合以下四个条件：（1）将要开设的专业、培养的人才要符合当前市场需求的岗位。（2）开设专业的受欢迎度，就是学生是否有意愿学习这个专业。（3）开设专业的学校是否具备能授课的教师、教学设施和教学环境。（4）专业设置是否有利于个人的长远发展，是否符合社会的人才结构和社会经济的发展。

在此思想的指导下，澳大利亚院校对旅游管理的专业设置有很强的市场针对性。具体来说，澳大利亚院校并不单独开设旅游酒店管理专业，而是根据澳大利亚旅游市场的实际情况，将旅游管理细分为旅游管理、酒店管理、闲暇管理和会展管理等多门专业。由于这些专业都是从旅游管理中细分出来的，所以也被统称为旅游管理专业，隶属于旅游学院或教学系。专业设置的细分不仅可以有效地保证培养目标的针对性，使学生清楚自己毕业后的就业领域，而且还可以保证课程设置的专业性和具体性，使学生能对旅游业中的某一领域有较为深入的了解，掌握具体实用的专业技能，从而避免出现由于专业设置过于宽泛而导致的课程设置"广而不深"和学生学习"杂而不精"的问题。

（六）开放灵活的教学组织管理

TAFE 灵活的教学组织管理主要体现在学习对象和学习方式这两个方面：

在学习对象方面，TAFE 对生源的年龄要求是没有限制的，从 17 周岁的高中毕业生到年过半百的老人都可以进入 TAFE 学习。对学生从事的职业也没有要求和限制，只要想来 TAFE 学习都是抱着欢迎的态度。可见 TAFE 对生源的要求是开放性的、无限制的。

在学习方式方面，TAFE 为学生提供不同的学习地点、学习时间、学习方式，学生可以根据自己的情况选择学习方式、学习地点、学习内容、教师和考核的方式，这些都具有很大的灵活性。澳大利亚 TAFE 学院所有课程都必须在政府注册，因此每门课都有国家代码。在澳大利亚教育资格框架（AQF）的管理下，为政府和行业协会所承认，证书和文凭被澳大利亚和国际认可。使用代码不仅利于国家统一管理，也方便各学院和大学之间的课程衔接和学分减免。如南岸理工学院与格里菲斯大学（Griffith University）就建立了课程对接，前者的文凭和相关专业的课程学分被后者所认可，学生在完成南岸学院 1 年半的课程学习和鉴定后，可以免修大学的部分课程，继续攻读更高层的酒店管理学位。因此，这种对接的模式给学生提供了继续深造的机会，学生可能是最初只愿意学习技能而不是获得学位或由于会考分数未达到大学入学标准而报读了 TAFE，但只要有接受高等教育的意愿，同样有机会最终进入大学。由此可见，职业教育与培训学历资格可以和高等教育学历资格相互衔接，为学生今后从职业（Vocational）转向更高层的专业（Professional）提供了一个有效的平台。由于部分课程被大学认可，在人才培养上也是一种节省。

（七）能力导向的课程体系安排及选修课程包制度

由于旅游管理是一门实践性非常强的专业，澳大利亚各类院校对该专业的教学都是以能力培养为核心，即教学工作注重向学生传授各种实用知识、技能，强调对学生实际工作能力的培养。这种思想突出体现在课程设置上。澳大利亚旅游管理专业的课程设置，以旅游行业组织制定的职业能力标准和国家统一的证书制度为依据，具体内容和安排由企业、专业团体、学院和教育部门联合制定，并根据劳动力市场变化情况不断修订。在澳大利亚，与旅游管理有关的课程被分为基础课、核心课和选修课。其中，基础课、核心课几乎全是培养实际能力的课程。以酒店管理为例，其基础课、核心课包括酒店管理、客房管理、观光业管理、酒店安全与失物防范等课程。每门课程的考核都是以职业能力标准和国家统一的证书制度为依据，最后根据考核结果授予不同等级的职业资格证书。

在重视培养学生实际工作能力的同时，澳大利亚院校还十分关注学生未来职业生涯的发展。通过对旅游市场的调研，并结合以往的经验，澳大利亚旅游院校为学生规划了多条职业生涯发展道路。例如，格里菲斯大学的旅游学院（澳大利亚最知名的旅游学院之一）将旅游管理专业学生的职业生涯发展方向分为旅游营销、旅游项目管理、风景区管理和人力资源管理等。多样化的发展方向对激发学生的学习兴趣和提高其就业能力无疑是很有帮助的，但对学校来说，这却是一个很大的挑战。因为对学生未来发展方向的培养是对学生所学专业的进一步细化和深化，这不是上一两门专业课就能学到的，它需要学校投入大量的人力、物力，进行系统的、长期的教学活动，才能保证教学质量。为了应对这一挑战，澳大利亚旅游院校引入了选修课程包（Package）制度。

所谓选修课程包就是学校根据学生的发展方向而设计的一系列选修课的组合。这一选修课的组合能够较为全面地、系统地涵盖学生所学专业中某一具体领域的知识。通过对选修课程包的学习，学生可以对某一具体领域有比较深入的了解，掌握更加专业化的知识，为以后在这一领域进一步发展打下基础。例如，格里菲斯大学旅游学院酒店管理专业的市场营销发展方向的选修课程包就包括娱乐业顾客行为学、娱乐业市场营销学、市场调研、全球营销和零售营销学等课程。

这里有四点需要阐明：其一，学生可以根据兴趣自由地选择选修课程包，从而决定自己未来的发展方向，但不能自由选课，即在选择选修课程包之后，学生必须修完该课程包内所有课程，这样可以保证学生根据自己的未来发展方向进行集中、深入的学习。其二，选修课程包中的课程虽为选修课，但其重要性丝毫不逊色于必修课，选修课的开设要经过认真调研和精心设计，以保证其合理性和科学性；并且无论是在学分数量、教学质量和考核严格程度上，选修课都应不低于必修课，甚至更高。其三，某一选修课并不只是列入一个选修课程包。例如，娱乐业顾客行为学既属于市场营销发展方向选修课程包的内容，还可以属于其他选修课程包的内容。其四，选修课并不只是为旅游管理专业单独开设的。例如，市场调研和全球营销就是市场营销专业的必修课，选修该课的学生和必修该课的学生同堂上课，并且有相同要求。由此可见，选修课程包的好处在于，通过充分利用学校资源，在不大量增加投入的情况下，实现了针对学生所学专业的某一具体领域进行系统和深入的教学，为学生未来职业生涯的发展打下了良好的基础。

（八）先进的实训管理

TAFE 的教学特点就是课堂教学和实践相结合，很多课程是边讲边操作的，锻炼学生的动手能力，因此 TAFE 对实训基地的要求是非常高的。澳大利亚政府投入了大量的资金建设实训基地，时刻保证实训基地设备的先进性，淘汰落后的设备，跟随行业的发展，以便毕业生掌握先进的技能，这样就业时就能快速地适应工作岗位。TAFE 实训当中的教学内容是由浅入深的，老师一边讲解学生一边操作，并通过观察逐步提高对学生的要求，最终要求学生的技能水平达到行业的要求。

澳大利亚院校实训的特点是：实训总量大，但单次实训时间短，实训管理规范化。旅游管理专业的学生在进入第三学年（毕业学年）之前，实训时间必须累计达 400 小时。学生几乎每个学期都要进行多次实训，但每次实训的时间都不长（通常为一周或两周）。实训的目的是实践在课堂上学到的知识，并将其转化为实际工作能力。这种课堂学习和实训间隔进行的方式符合"学习—实践—再学习—再实践"的教学规律，而且还有利于提高实训的针对性，因此能取得良好的教学效果。最后一个学年，学生还要完成 200 个小时的实训，但单次实训时间有所加长，这个阶段实训的目的不仅限于提高学生的工作技能，还包括使学生与企业相互了解，为学生就业创造机会。为了保证实训教学的质量，澳大利亚院校制定了严格、规范的规章制度。学生在实训时被分成若干小组（每组一般不超过 20 人），由校方聘请的旅游业内专家带领学生在企业内实习。专家的任务包括指导和监督学生实习，协调企业与学校的行动，共同管理学生。学生被分配到具体的工作岗位，由一名或多名企业工作人员指导，参与实际工作。在实训结束时，指导学生实习的工作人员和专家共同负责填写学生的实训报告。该报告将成为日后用人企业评价学生学习成绩的重要依据。

TAFE 先进的实训管理保证了与行业发展的一致性，学生在学习的过程中接触到的总是与社会经济发展相一致的学习内容，这样掌握的技能在毕业之后能很好地适应本岗位，从而促进个人的发展。

第四节　欧美旅游人才培养新理念与旅游教学新方法

信息化的迅猛发展已经逐渐成为社会发展的基础，对旅游产业价值链更是产生根本性的影响。同时，信息化广泛影响着旅游人才培养理念与教育教学方法的构建，欧美旅游教育界已充分认识到信息技术和互联网对旅游业的渗透力，并将其巧妙地运用到旅游人才培养中。本节将介绍当今欧美旅游人才培养的新理念和教学新方法，以开拓国内旅游教学的视野，提高国内旅游教学质量。

一、欧美旅游业人才需求与建设现状

欧洲旅游业每年为其带不菲的收入，带动 GDP 的增长，每年解决大量的就业岗位，旅游业已经渐渐地扩展到社会的方方面面：可持续发展、城市交通、乡村及文化遗产、旅游和平、旅游与运动、旅游与健康等。所以，对于具备全球视野和各种高水平运营管理的旅游高级技能人才的需求越来越大，欧洲旅游业为此提出了具体的战略性人才建设要点并制定了相关战略：首先，将学习过程与工作实践联系更为紧密；其次，尽可能使用导师制；再次，在教学过程中更加注重学生的职业生涯规划；最后，学习过程必须是富有激情的、有趣的，使学生能很快融入其中，等等。

德国在短途旅游、老年旅游、康健旅游、商务旅游等各类旅游蓬勃发展的前提下，提出了特定旅游人才的建设需求，如在线旅游经营商、旅游策划、旅游客户关系代表、商务旅游策划及管理商、旅游支持系统中介商等。加拿大也认识到了旅游业高级专业人才缺乏且从业激励措施不足，以及大部分岗位还没有相应的教育要求、门槛较低等问题，为此提出了相应的人才培养计划。法国餐饮业针对其人才空缺专门制定了一套餐饮业人才培养系统，根据餐饮业服务线上职位的复杂程度，分别为每种职位在技能、人际沟通社交和组织管理合作等方面提出了相应的培养计划。可见，欧美已经充分认识到旅

游业高技能人才的紧缺，各国已先后开始制订系统的培养计划，以应对旅游高级人才供不应求的局面。

二、欧美旅游人才培养与教学理念

欧美旅游教育院校更加重视将相关理论引入旅游教学中，不断更新旅游人才培养的观念和理论体系，培养旅游人才的全局观以及产业全球化理念。

（一）旅游教学中应囊括通用（共生）理论体系课程

欧美旅游学科的协调与管理者充分认识到当代旅游学科内在的复杂性。目前建立的多种多样的课程体系还尚未体现出旅游学科的多学科根基及其内在联系的重要性，也未完全覆盖旅游学的学科范围。越来越多的旅游研究者们开始采用跨学科、多学科、转学科的视角研究旅游学，并强调在本科和研究生旅游教学中融合这些母学科的通用理论的益处。现在的旅游教学中包含着很多复杂的问题，因此旅游学术研究范围应扩大到多学科领域，从交叉学科、转换学科中找出共生理论，应从旅游学理论研究的具体争议和业界实践中寻找旅游学的通用理论体系。

（二）利用性格本色谱理论，通过对学生性格本色谱的掌握提高教学质量

不同的学生属于不同的性格本色谱，通过学生的自我评价识别出他们的性格本色谱，进而指导他们运用这些特性有效地提高个人和职业的社会关系。教学者也要掌握学生的性格本色谱以更有效地与学生进行交流，开发相应的活动或者项目让不同的学生都参与其中。首先应识别出不同学生的性格本色谱类型，建立学生档案，进而调整教学计划和交流方式，让所有学生都从中获益。

（三）本土国际化理念

长久以来，一提到国际化人才培养，人们便会想到学生的出国交流、跨国留学。至今，依然有许多人认为，出国是教育国际化的最佳途径，甚至是唯一途径。但是，真正能够到国外学习的学生却很少。据统计，只有10%的欧洲学生有海外学习经验，在美国这一比例还不足1%。

本土国际化由瑞典学者本特·尼尔森（Bengt Nilsson）首次提出，泛指除学生交流活动之外的一切国际活动。尼尔森指出，把所有学生都送出国显然

是不可能的，更为现实和有效的办法是在大学教育中为没有机会出国的学生提供国际化经验，这就是本土国际化。本土国际化聚焦于形式多样的课程改革和课外活动开发，主要包括：在已有课程中增加一门或两门与"国际"有关的课程、开展外语教学、促进不同国家的高校相互合作等；鼓励不同国家的同学之间形成互动，为本地学生提供多元视角，使得本地学生不用出国就可以探索不同的文化和传统。

三、欧美旅游人才培养与教学模式

将教学理念和方式模式化，以便持续监测理念和方法的正确性，增强其实践指导能力，目前欧美推出了较多具有前瞻性的教学模式，以供旅游教育者参考。

（一）TEFI 教学模式（The Tourism Education Futures Initiative，TEFI）

TEFI 教学模式旨在提供一种前瞻性的、富有学识的旅游教学框架，以促进全球公民意识和乐观精神。越来越多的旅游业管理者认识到旅游业发展所面临的全球挑战以及旅游教育改革的必要性，这就要求高学历人才和行业领导者具备更高水平的责任意识与管理能力。

TEFI 模式试图论证挑战与改革的复杂性和多样化。TEFI 模式从定义应遵循的价值准则入手，引导旅游教育及其产业实践的重要改革。

旅游教育者们高度认同 TEFI 教学模式的价值取向，并将 TEFI 模式工具化。该模式体现的价值较为含蓄和隐性，只有设计出相应的衡量工具才能得以具体实施。但同时要明白，将模式工具化只是实施 TEFI 模式的一个开始，指标需要不断地进行检测和细化；还应该注意各个因素之间的互相影响和内在联系。

芬兰和美国的两所大学将 TEFI 模式付诸实践，在 Facebook 上建立了一个知识协作平台，采用团队报告的形式，制作反映学习经验的视频。他们的合作成果很好地反映了 TEFI 教学模式在旅游人才培养中的重要性。

（二）基于学生产出和定性方法的 SoTL 模式（The Scholarship of Teaching and Learning，SoTL）

SoTL 模式是一种集教学、学术教学、研究和创造性活动为一体，互相融合的教学模式，其不同的分支各有不同的侧重点，但各种分支之间还有着广泛而深入的交流与合作。相关学者对 SoTL 模式在旅游教学中的运用进行了深入探讨，利用定性方法，以学生产出的成果为数据来源进行教学成果鉴定。

具体实施过程包括：（1）利用研究项目和调查识别 SoTL 模式的实践要点；（2）在学期开学之前做一个详尽的 SoTL 教学计划；（3）利用研究和课堂教学数据监测教学成果；（4）分析数据；（5）公布结果并与参与者沟通结果的有效性；（6）将结果转化为学术成果；（7）重复前面的过程，不断检验各种教学创新项目。

四、欧美旅游人才培养与教学方法

各种创新性的教学方法被运用到旅游教学当中，现从以下五个方面进行总结。

（一）智能化教学

研究表明，利用多媒体技术可以很好地营造互相交流的学习环境，通过心理意象过程使学生特别是有交流困难的学生更好地接受知识，让具备不同能力和偏好的学生通过虚拟故事、角色扮演、相互交流、情景游戏、看录像、听博客和图文本等方式进行相互交流，在多媒体学习环境中，挖掘学生的个体差异和偏好；同时多媒体技术还可以运用于课程设计和评估中。

针对美国东南部一所大学的本科生进行的调查表明，3D 虚拟世界对学生们的电子化学习产生了重要且积极的影响。提高了学生们处理挑战性任务的能力、对虚拟学习体验的认识以及对学习的感知，从而可以提高学生的学习效率。

除了欧美国家之外，我国台湾地区的在线学习平台也充分证明了智能化教学对传统教学有积极的推动作用。通过建立一个教学共享平台，使得不同区域的学生能够同时同步学习。此举大大提高了旅游管理研究生在线学习效率，使学生更有效地应用知识解决实际问题并提高自身批判性反思的能力，从而增强了学生的学习积极性和满意度。同时，教师们设立清晰的课程目标和教学指导也大大有助于学生在线学习满意度的提高。通常会使用以下两种技术手段：

1. INNOTOUR 教学平台

INNOTOUR 平台通过 Web2.0 技术，运用新型教育方法以及价值化导向教学来提高旅游教学质量。INNOTOUR 平台分别为教师、学生、教师培训和教学经验交流设计了相应的版块。

INNOTOUR 平台的学生版块主要内容包括创新案例、学术资源、创新性的学习工具和测试、推理游戏、创新思考软件、博客、论坛、百科、教学资源等。

INNOTOUR 平台的教师版块主要内容包括教学资源、电子化教学最佳案例、教学课件、教师百科、教师论坛、创意操作典范等。

INNOTOUR 平台还为老师提供了培训平台,以便老师更好地使用平台;同时提供了利用平台进行教学管理的相关标杆案例,以及平台组织的大型活动案例等。

2. The Electronic Response System 电子反馈系统(以下简称为 ERS 系统)

ERS 系统类似于电视节目上的投票器,课堂上的每个学生都拥有一个利用自己的 ID 注册的手持电子器,学生可以匿名提问,系统自动将问题归类处理,问题和答案显示在教室大屏幕上,方便更多的同学参与其中进行广泛交流讨论。

(二)实验教学

1. 商业计划

通过"制订商业计划"这个教学实践项目,让学生们模拟商业计划制订过程,并给他们提供与企业交流甚至合作的机会。

要求学生制订一个适用于接待业的创业方案,分为四个部分:第一部分讨论企业的一些基本特征,识别需求差距以及机会,并进行市场调研;第二部分建立一个商业模型,对企业目标市场进行细分和定位,初步讨论其可行性;第三部分帮助学生进行人力资源和运营管理的规划;第四部分,制订营销和财务计划,以及公司组织形式和随后的退出决定。

2. 游戏教学

将游戏和学习活动结合起来,可以引导学生将概念和理论更好地运用到实践中。教学研究者利用普洛格、符号学以及 Freud 的结构假设等教学理论界定了游戏教学的规则,建议教学者多创造新的学习游戏。

3. 案例教学

案例教学已经被广泛应用于旅游教学之中,它强调了高等教育中学生积极介入和参与的重要性,目的是培养出具有出众的沟通能力、批判思考能力和解决问题能力的学生。在案例教学中,老师的角色从一个知识分配者变成学生团队中的领导者,也因此培养学生的学习能力,提高教学评估水平。但同时要注意案例教学的利弊，做到扬长避短、尽其所用。

4. 专向培训

以加拿大为例，为了顺应康健旅游的迅猛发展，加拿大旅游局专门针对康健旅游的需求，设立了一个专科学校并制定相关培训项目，进行包括旅游、医学和护理的综合培训教育，旨在培养适于康健旅游需求的专业化综合型人才。

（三）教学评估

越来越多的学校采用 IPA 方法对旅游教育进行长期的纵向评估。以澳大利亚为例，澳大利亚的旅游高等教育在一个富有竞争力和动态化的环境中进行，市场化导向是其成功的必要条件。科研和管理人员必须定期评估在校学生和潜在生源的认知能力，监督在校学生的满意度。IPA 方法弥补了以往学生评估的不足，如只能反映一些基本表现。通过四个学期的持续评估，把学生对于教学质量的期望及其实际的满意度进行对比，逐次选出关键标杆基准为下一步的评估做准备，以跟踪变化。此外，教学评估还为教师提供了额外的机会，也使他们担负起更多的责任，使得他们持续地提高教学方法的有效性。

（四）国际合作

将短期出国学习交流作为课程的一部分，给学生提供了一个全面的实践教育机会和重要的学习体验，提高他们学习的能力。以一个赴哥斯达黎加的短期出国学习项目为例，该项目目的在于让学生了解发展中国家旅游发展的社会、环境和经济状况并将其融入课堂教学中，该项目最终取得了很好的效果，丰富了学生的学习体验，提高了学生变革学习的能力。

（五）行业互动

欧美的旅游教育离不开行业协会的支持，并与行业之间形成了很好的互动。

1. 学校经常聘请旅游业界的精英开设专题讲座，进行案例教学，用业界资深成功人士的亲身经历带动学生学习旅游专业的积极性。

2. 学校用开展竞赛的方式选拔优秀者，推荐优秀者到业界著名的企业去实习，让其感受旅游企业的文化和经营方式。

3. 除了优厚的奖学金之外，欧美学校对学生的奖励还包括请优秀的学生和著名的业界精英共进午餐，通过与业界精英的近距离沟通，让学生们感受榜样的力量。

4.欧美的旅游学校还会建立名人堂，举办名人堂晚会，这样有利于拓展学生的关系网，使企业和学生加深彼此的了解，为旅游专业毕业生的就业搭建一座桥梁，使旅游专业的学生能够更好地了解旅游行业的人文精神和企业文化。

欧美先进的旅游人才培养新理念以及旅游教学新模式、新方法首先从教学指导思想和理念上给予我们很多启示，由此作为切入点进行深入探究和延展，国内旅游教学实践者定能从中找到这些新理念和新模式的可操作性，并运用到教学中，通过不断改进和内化，使得国内的旅游教学成功转型升级，培养出更适合旅游产业发展的高端旅游人才。

第五节　旅游管理专业教学方法

一、案例教学法

（一）案例教学法内涵

案例教学法起源很早，在 2000 多年前古希腊，伟大的哲学家苏格拉底所使用的"启发式问答法"正是案例教学法的雏形。案例教学的系统化起源可以追溯到美国哈佛大学法学院。1918 年，人们把哈佛大学法学院和商学院运用企业实例来进行教学的方法正式称为"案例教学"。20 世纪 50 年代左右，哈佛大学商学院最先把案例教学法运用于法学界和医学界，然后在管理学界特别是 MBA 教育中得到了广泛的运用，而在教育学界的普遍使用则是 20 世纪 70 年代以后的事情了。案例教学法从 20 世纪 90 年代开始应用于我国的教育教学之中。它所追求的是一种新的课堂教学结构，而不只是一种教学技能、技巧，或者说是一系列教学步骤的运用，它更是一种新的教育观念，是理论与实务之间的桥梁。教师将案例作为讲课的题材，以案例的具体情境作为讨论的依据，经由师生之间的互动来探讨事情产生的原因，并发现其潜在的问题。其目标在于使学生学会探索知识，发现新的成长点，发展并不断完善自己建构的知识体系，真正达到掌握知识、培养能力、提高全面素质的目的。所以说，案例教学法不仅包含了一些独特的教学资料，也包括了如何运用这些资料的特殊技巧。

具体来说，可以将案例教学法界定为：教育工作者遵循理论联系实际的原则，为了达到预定的教学目标，以案例为基本素材，将学习者引入一个特定的拟真情境中，通过师生、学生之间多向互动、分析、讨论等方式，增强学生对学习内容的理解和掌握，培养学生创造能力以及实际解决问题能力的教学方法。本章所研究的案例教学法是指旅游管理专业教师根据教学目标和教学任务的要求，在课堂上，通过对一个具体情境的描述，引导学生运用一定的理论知识和技能对这些案例进行分析、讨论，探讨处理方案，从而提高学生运用已有的知识分析和解决实际问题的能力的一种教学方法。

（二）案例教学法基本理论

1. 建构主义理论

建构主义是学习理论中行为主义发展到认知主义的产物。建构主义理论的内容很丰富，其核心是以学生为中心，强调学生对知识的主动探索及发现和对所学知识意义的主动建构。案例教学法在实施过程中，用实际旅游情境中的事件作为案例让学生分析讨论，旨在把发生于实际旅游行业中情境问题作为专题案例让学生进行研究，以此来促进学生对专业知识的掌握和专业技能的提高。因此，建构主义理论是本章所研究的旅游管理专业案例教学法的重要理论基础，它包括了建构主义教学观和学习观。

（1）建构主义教学观

强调学生原有知识、经验、观念、价值观以及师生之间、学生之间的互动在学生的学习活动中的价值。建构主义教学观重点强调教学的4大因素：情境、协作、会话与意义建构。旅游管理案例教学法与建构主义教学观可谓环环相扣。案例教学中的案例就是情境，这种情境是拟真的情境。在案例的情境中，存在着一定的矛盾与冲突，而冲突与矛盾的解决需要经过讨论和会话。在会话进行的过程当中，还伴随着协调商议与反省。意义建构便存在反复协商和反思中，并引导着教师与学生的思考问题能力的发展。在运用案例教学中，教师为了促进学生对案例的理解、分析和掌握，就需要同学间的合作与讨论。案例问题的解决能够被学生认知，学生自身存在的知识、技能等问题能够在协作过程中反思在意义建构过程中不断得到解决。此时，学生的主动性得到了充分的发挥并推动了学生的自主的意义建构。

（2）建构主义学习观

建构主义理论认为知识是通过学习者在一定的情景即社会文化背景下，借助其他人的帮助，利用必要的学习资料，通过意义建构的方式而获得的。换句话说，学生能够记忆老师所讲的课堂知识的能力并不是通过意义建构的方式获得的。建构主义学习观需要学生依据自己的亲身体验去建构重要理论知识并在老师创设的旅游情境下，依据以往的实际经验，积极主动地探索，从而建立起崭新的认知结构。如此一来，学生主动地建构自己的知识经验，便是意义和知识的建构者，而不是被动地接受老师所讲的知识。因此，学习不是知识由外到内的传递过程，它必须通过学生的自主活动主动地加以建构才能获得，这个过程不可能由其他人来代替。旅游案例教学法在实施过程中，学生通过对案例的分析、讨论以及对相关问题的探究，学生个体知识、经验与实际问题相互碰撞，使知识进行了重新的建构。

2. 信息加工理论

信息加工理论主要研究信息的产生、获取、变换、传输、存贮、处理识别及利用。该理论把知识分为陈述性知识和程序性知识两种。陈述性知识最初以命题网络的形式组成，在多种练习下，再转化为以产生式的方式表现，最后形成产生式系统。程序性知识是以产生式系统为表征。产生式系统由多个产生式组成，如果需要处理复杂的事情，就需要依靠产生式系统完成。当系统经过反复练习后，把其中有用的信息存贮在大脑中，因此便留有解决问题的逻辑思路与技能。按照其理论，学习是一个主动的、积累的、情境化的、具有目标导向的逻辑记忆过程。

这一过程可以分成若干个阶段，每一阶段都需对信息进行获取、变换、传输、存储和识别，都需要进行不同的信息加工。在每个信息加工阶段发生的相关事情，我们可以将其称之为学习事件。学习事件是在学生头脑内部进行加工的一系列过程，它形成了信息加工理论的基本结构。与此相应的是教师运用案例教学法教学的过程既要根据学生的内部加工过程，又要影响这一过程。

在旅游案例教学中，案例作为与教学内容相关的拟真的教学情境出现，对学生提出的问题能够使其产生兴趣，需要学生充分调动其原有的各方面知识，在基于案例的情境中表达与运用，获得由产生式系统转化的问题解决的技能，形成学习事件。案例教学法突出形成学生的程序性知识和产生式系统，及教学事件和学习事件相对应的学习与配合，要求学生调动原有的知识结构，将陈述性知识与程序性知识转化为产生式系统，以此来调动他们学习的兴趣，转变学习方法。这样就避免了传统教学方法只注重理论知识即陈述性知识的教学，而缺少程序性知识的应用，缺乏解决问题的兴趣，以及由此形成的思维惰性。所以，信息加工理论是旅游管理专业案例教学法的理论基础之一。

3. 迁移理论

学习迁移是指在一种情境中获得的技能、知识或形成的态度对另一种情境中技能、知识或形成的态度的影响。学习迁移理论认为，一个人在解决问题过程中会提出和检验一系列假设，从而形成一套解决问题的思考顺序和假设范围。这种通过假设形成的思考顺序和假设范围有可能被迁移到日后类似问题的解决中。迁移的程度取决于人们学习情境与日后运用所学内容的实际情境的相似性。可以说，迁移就是一种学习对另一种学习的影响。学生在学习知识时，在原有学习基础上进行新的学习，必须具备一定的迁移能力。迁移并不局限于知识和技能领域，在情感、动机、兴趣、态度、行为方式等领域也同样能够发生迁移。在学习过程中，我们很希望把学习某一知识与技能的效果，顺利地运用到和这一种知识与技能相类似的其他新知识与技能中，从而产生连贯性的运用效果，这就属于"学习迁移"的问题。在旅游管理专业案例教学中，案例教学情境的相似性有助于学生有效地进行知识的迁移。教师布置案例材料后，一般都附有相关的问题，试问学生如果作为"当事人"该如何处理案例中所遇到的一些问题。学生则通过独立分析案例、小组讨论、合作学习等方式寻求解决办法。在这一过程中，学生将理论知识与现实的实际问题相结合，生成个体经验。在解决案例冲突的过程中，学生也形成了相应的假设范围和思考顺序。

由以上分析可以看出案例教学法促使学生逐步形成对问题解决的假设与顺序，并以案例的形式创设了与以后运用所学内容的情况相似的情境，有效地促进迁移的发生。因此迁移理论是旅游管理专业案例教学法的理论基础之一。

4. 反省教学理论

反省教学强调学生原有知识、经验、观念、价值观以及师生之间、学生之间的互动在学生学习活动中的价值。建构主义教学观重点强调教学的4大因素：情境、协作、会话与意义建构。旅游管理案例教学法与建构主义教学观可谓环环相扣。案例教学中的案例就是情境，这种情境是拟真的情境。在案例的情境中，存在着一定的矛盾与冲突，而冲突与矛盾的解决需要经过讨论和会话。在会话进行的过程当中，还伴随着协调商议与反省。意义建构便存在反复协商和反思中，并引导着教师与学生的思考问题能力的发展。在运用案例教学中，教师为了促进学生对案例的理解、分析和掌握，就需要同学间的合作与讨论。案例问题的解决能够被学生认知，学生自身存在的知识、技能等问题能够在协作过程中不断得到解决。此时，学生的主动性得到了充分的发挥并推动了学生的自主的意义建构。

（三）旅游管理专业案例教学法的运用原则

1. 参与性原则

案例教学的展开要保证学生的参与积极性，它的特征之一就是学生在智力上和情感上的积极参与。选择的案例是源于现实的,因为这样的案例可能就是学生在现实生活或将来走向社会真正面临的实际情况或问题,这样的案例对学生来说,就是一种吸引力。在案例讨论过程中要求学生以多种方式参与其中,用观察、倾听、对话、决策等方式来达到预期的目标。教师要将学生在课堂上的参与和表现直接作为对其考评成绩的一个重要组成部分,使学生的参与具有外部的压力机制。确保学生积极参与的前提是要让学生在心理上感觉能够安全地参与其中。持续的教师讲话、评论每位发言同学的观点、试图成为决策过程的决定者等这些行为都会妨碍学生的积极参与。学生的参与是案例教学开展必不可少的要素,因此,鼓励参与性是教师运用案例教学的一个重要原则。

2. 启发性原则

案例教学要培养学生的能力必须使教学具有启发性。在案例教学中,教师必须愿意放弃以自身为中心的角色,以及在学术上的优势地位,而是作为一个案例讨论领导者,尽最大的可能启发学生进行思考。学生要获得解决问题的各方面素质与能力就需要自己对问题进行探索,而不是由教师告诉他该怎么办。贯彻这一原则,要求教师在提供案例时要具有探索启发性的,这样学生才不会感到毫无兴趣。教师启发性的引导能开拓学生们思维,激发他们继续探索的兴趣,形成各种有效解决问题的方法,达到预定的教学目标。因此,教师要激发学生积极主动地思考和探究,就要重视问题的设计,在课堂教学之前,教师应该围绕案例信息,根据教学目标的要求,精心设计富有启发性和指向性的问题,从而达到例、疑、理的有机统一,而不是各自为家。

3. 适应性原则

案例的选择要适应教学目标的需要,也要适应学生发展水平的需要。在旅游案例相关问题的提出要适中,过难或过易都不利于学生的学习和身心发展。问题难度过大,学生们的学习和讨论就会远离案例要说明的问题,案例讨论也因此流于形式;问题过于简单,又会使学生失去学习的兴致。在案例呈现的形式上要适应学生的理解能力,避免案例的描述过于理论化,或者叙述太过通俗使学生仅仅把案例当成一个故事,失去原有的价值和意义。此外,对某些更适合其他教学方法的课程就不应运用案例教学方法,对适应案例教学方法的教学内容要根据其条件作出必要的增加或删减。所以案例教学要坚持适应性的原则,使学生能够将在案例讨论中获得的经验概括为理论知识。

4. 情境性原则

在分析任何一个特殊的案例情境,都会促使学生面对真实环境中所遇到的一些难题。旅游案例多来自实践,有的也作了局部的调整。这其中蕴含的问题常牵涉面较广，变化也比较大，这时就要针对具体问题及情形进行具体的分析。在分析的过程中重要的是全面收集资料，并且要对其进行仔细评估、分类、整理。

还需要注意的是，不能只根据案例中所给的事实进行分析，因为有些我们所看到的事情只是表面现象，必须经过去伪存真才能保证分析的正确性，当然也不要让案例中的某些观点来左右自己的思路。情境分析的目的就是要帮助学生发展处理特殊情境的能力，使学生能够将在案例讨论中获得的经验上升为理论知识并运用到实际生活当中去。

5. 拓展性原则

旅游案例教学法具有发展性和实效性的特点，它要求尽可能多地展现学生的观点和建议，特别强调通过分析、思考，找到解决问题的最佳途径，以此培养学生解决实际问题的能力。这也符合建构主义的学习观，所以在课堂教学中，教师要以平等的态度和欣赏的眼光看待学生的主动思考，即使他的想法出现了偏差。因为如果学生可以独立的思考，这就意味着他在尝试着超越已有的经验世界，把原有的知识结构或正在建立的知识结构拓展成为新的空间。教师要坚持拓展性原则，就需对学生的分析、讨论及观点多予以肯定和鼓励，不轻率否定，更不要认为只有自己的方法才是正确的。所以教师要给学生留有一定的思考和探索空间，让学生利用自己的生活经验和知识积累，对当前所遇到的问题进行分析、判断，从而提高解决问题的能力。比如在讲到酒店的品牌经营与集团化发展时，教师可以首先将一些关于世界各大酒店连锁集团的新闻，引入所学内容，然后指出一个著名品牌的塑造、培育、呵护要经过酒店内外的许多方面的努力与合作。之后发掘学生的发散思维，从品牌信誉到品牌知名度，再联系到酒店营销等。通过运用案例教学法，一个问题的深入讨论超出了单纯的知识灌输，从而让学生的学习兴趣大增。

（四）旅游管理专业案例教学法的基本形式和案例选择

1. 案例教学法的基本形式

旅游管理案例教学法的形式是灵活多样的，大多课堂教学采用案例讲解与讨论相结合的教学方法，有的教师也适当地加入多媒体教学。目前旅游管理案例教学法的三种基本形式为案例讲解教学、多媒体教学和案例讨论教学。

（1）案例讲解教学

教师在上课前几天将案例材料印发给学生，要求学生在上课前仔细阅读案例，尽可能地做出笔记，或者在笔记本上汇总相关问题。因为案例总是包括事实和观点两部分，学生经过认真分析和思考，对已提出的观点可以作出批判性分析或提出自己的认识。然后带着问题走进课堂，此时就需要教师讲解学生在阅读案例时所发现和提出的问题。

（2）多媒体教学

现代化教学的新式手段，以计算机为中心，综合运用多媒体技术处理文本、声音、图形、图像等信息。其优点是图文并茂、形象生动、易于引发学生兴趣。同时，由于多媒体技术的快速化、动态性和灵活性等特点，又可以增加学生在课堂收获知识的信息量，丰富教学内容，优化教学方法。教师在教学中可选择有突出代表性的案例，让学生通过现代数字化的教学手段观看，然后展开分析讨论，最后教师进行总结。

（3）案例讨论教学

这种教学方法把每次教学时间分为两部分，第一部分要求教师讲解基本概念、基本原理，为后面的教学奠定理论基础；第二部分用于案例的分析和讨论，教师在课前将案例材料印发给学生，学生在课前做好准备，一般要求形成文字材料，作为课堂进行案例讨论和课后教师评定成绩的依据。在后一部分，教师的主要任务是调动学生参与讨论的积极性，可采用一些灵活的方式，如以录像带、录音带、角色扮演的方式多种呈现，丰富课堂的内容，以吸引学生有兴趣、有意愿来讨论，以此来加深对所学知识的理解；也可分成几个小组进行讨论或者全班讨论，这时教师要做好引导工作，把握讨论主题。在讨论结束后，教师要对案例讨论进行小结或总结，要突出重点与难点，使学生通过案例的学习掌握相应的知识。

2. 案例教学法的案例选择

（1）案例类型分类

根据旅游管理专业各学科的教学目标不同，可使用不同类型的案例。案例以性质、教学内容等为依据可划分为不同类型。

（2）案例选择原则和具体要求

案例的选择就是选出典型的、有针对性的、符合教学内容和教学目标的案例，旅游管理专业优秀案例具备一些可供选择的特征。

（五）旅游管理专业案例教学法的实施过程

1. 实施前的准备

（1）教师的准备工作

①掌握案例内容。在案例准备阶段，教师对教学案例本身应有相当程度

的熟悉和了解。这不仅要求教师事先多次阅读案例，而且要对案例各项内容能够了若指掌，并且阅读了许多与案例主题相关的文献。教师对案例的了解包括明确教学目的、确定案例的主要观点和难点、牢记案例大纲及讨论框架，并以主要观点、案例内容及研究问题作为基本出发点，安排各层次的讨论问题，以及对讨论问题作逐步的检验。教师对案例越了解，就越能提出问题让学生分析。

②规划教学过程。由于案例教学的时间有限，应对案例中重要的讨论题作优先安排。教师可在实施前明确一系列的方法与步骤，规划案例讨论和后续活动等教学过程。规划内容可包括教学时间的规划、教学所用媒体或板书的规划、讨论方式的规划、学生作用的指定等。此外，教师还必须分析案例问题的所在，形成问题的可行性解决方案，并预测学生的反应，思考如何给予回馈和反应等。

③调整角色和心态。教师使用案例教学前，应调整好自己的角色和心态。教师应该促进和引导学生讨论问题，并善于倾听学生的意见和观点，促进讨论，做好观点的归纳和总结。而且，教师应做好"导演者"角色，保持中立的心态，用开放、真诚的态度对待学生。如果可以和学生形成学习上的伙伴关系、合作关系，就能营造良好的自由的学习气氛，让学生积极参与到案例分析和讨论当中。

（2）学生的准备工作

①阅读和熟悉案例的内容。阅读案例是进行案例分析和讨论的基础，这要求学生了解案例的事实和讨论题，而为了确保学生课前能够阅读和熟悉案例，可要求学生撰写案例分析大纲。案例也最好在讨论的前几天发送给学生，以利于他们做好准备，这样不但能让学生了解其中背景与情节，也可分析案例中讨论题发生的矛盾，提出解决的问题方案。

②了解案例教学法的步骤。教师应该让学生了解案例教学法的具体过程、功能与作用，让学生产生信心。案例教学法可以让他们从复杂的资料中，学习推理、思考、作出决策的能力，以及学会欣赏其他同学的不同观点，并让学生了解到这些能力及态度的获得是与学习知识内容一样重要的。

③调整学习的方法和态度。案例教学法强调学生积极主动的学习态度，学生在实施案例教学法时所扮演的角色是主动的知识建构者，而不是被动的知识接受者。教师也要让学生了解最初对案例讨论题提出的意见、观点、评价和判断，并不需要考虑是否具有价值，因为这些观点和想法是可以再修正的，重要的是学生要积极参与，成为主动知识的建构者。

2. 实施过程及控制

（1）导入案例

实施案例教学法的首要任务是案例的导入。对于教师自己编写的案例，可以在课程开始时，向同学们介绍有关案例写作时发生的趣闻和逸事，以引起学生的关注，让其感受到教师本人在这个案例上的参与。若是他人编写的案例，教师还可以运用多媒体等方式，提醒学生认真听课的必要性，让其了解案例发生的时间、地点、人物及问题所在。然后教师可以向学生讲解该案例在这门课程中的位置，以及这个案例需要达到的目标，如何进行分析讨论，大致有哪些要求，课堂时间规划等。导入案例是"热身"阶段，教师也可以运用其他有效可行的方法。共同的目的在于，通过回顾与接触案例的相关情况，让学生认识到案例在课程中的重要性，有利于他们更好地融入课堂学习中。

（2）构建案例情境

建构主义教学理论强调学习是一个积极主动的建构过程，学习过程也受到情境的影响。

教师应努力为构建与案例紧密联系的情境，创设积极、生动和轻松的课堂气氛，让学生投入到案例所需的角色当中。在这个环节，学生则通过之前认真阅读案例，并查阅其他有关资料，把知识融于仿真的情景之中，提高其学习兴趣，也使以往枯燥无味的学习变得丰富多彩。当然这也是学生理解、分析和消化案例所提供信息的过程，是学生分析案例的过程，他们带着老师之前提出的问题，设身处地地思考，调动以往相关知识，寻找解决问题的方法。因此，在教学过程中，教师创设环境是重要的，有利于学生注意力的集中和综合素质的提高。所以，教师创设问题的能力也是构建案例情境的必不可少的因素，更为下一步的案例讨论打下基础。问题的形式及其安排顺序如下：

①教师创设问题的形式。问题的形式可以是假设的问题、以内容为主的问题和实际发生的问题。假设的问题不是以事实为依据，而是根据案情的发展以假想旅游情景的方式提出的问题。以内容为主的问题一般是以旅游管理学科中的案例资料为依据，提出理论和实际相结合的问题。实际的问题是日常生活中经常发生的，由于这类问题紧密联系学生的实际，因此学生很感兴趣。有时还会涉及情感和道德的问题，如相关人员该不该受惩罚、导游人员是否该收回扣等。

②问题的安排顺序。针对问题的安排顺序可以设置为概述性问题、分析性问题和总体性问题。概述性问题一般是询问案例中搜集的相关资料或者说明案例中面临的两难问题。分析性问题要求学生进行分析、思考，例如让学

生对案例中某一具体问题进行分析。总体性问题是可以伸展到最后的关键讨论题，例如对这种情况你有什么建议、你的立场如何、需要注意的是什么等问题。

3. 案例讨论

案例的讨论可以分为小组讨论和全班讨论两个阶段：

（1）小组讨论

案例分析小组人数不宜过多，一般每组 3~5 人即可。同学们可以畅所欲言，充分交流自己对问题的看法。对于复杂的案例，经小组的集体努力，可在组内互相启发、补充，分工协作，鼓励支持，找出问题的症结所在，寻求最佳的解决对策及方案。首先，由小组中每位学生就出现的问题作出分析、解释和说明，并提出解决问题的详细措施，要指出实行方案的理由，在此基础上作出实施效果的初步分析。其次，小组内的成员分别发表自己的看法，展开讨论，明确该案例决策的主要目的，并安排学生记录讨论的主要观点和内容。再次，对各方案进行相互对比和分析评价，指出各方案的优缺点及其可行性。最后，从中选出一个各方面都较为合理的方案，作为本组集体意见的体现，以备在全班讨论上发言。这一任务主要在课堂内完成，教师在此过程中不进行任何干涉，只适当加以指导和维持讨论秩序。

（2）全班讨论

这个环节是教师和同学所做努力的共同而集中的体现，也是案例教学法的作用发挥最完整的阶段。这时，需要教师为学生营造良好的讨论气氛，引导和启发学生积极参与到班级的讨论当中。此时，教师注意不可轻易参与到案例的讨论当中，只需要对学生作出必要的指导，使讨论围绕中心议题展开。或者在学生要求下，以普通一员的身份适当发表自己对问题的看法。学生在讨论中应该积极发言，详细表明自己对问题的看法及意见。发言要做到有理论依据，逻辑清晰。同时，学生还应善于倾听别人的分析和见解，对比自己的思路和观点，从中吸取分析问题的经验。

首先，可以由每个讨论组派一名代表，讲述本组对案例的理解、分析、论证和决策过程，提出问题解决的方案、步骤，并作出效果的分析。教师对于同学的发言要给予必要的引导，鼓励他们从多因素、多层次的角度加以理解和分析问题，拓宽其思考能力的范围，并进行必要的提示、引导和小结。其次，组织全班同学进行分析、讨论与评价。对于非确定型的决策问题，往往存在着各种意见，结论很难统一。这时需要教师从中给予说明和公断。在讨论中教师要掌握好讨论的火候，不能冷场，使学生通过讨论厘清案例中存在哪些问题，换作是他自己，这些问题该如何解决，从而真正提高他们解决

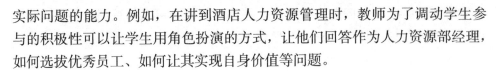

实际问题的能力。例如，在讲到酒店人力资源管理时，教师为了调动学生参与的积极性可以让学生用角色扮演的方式，让他们回答作为人力资源部经理，如何选拔优秀员工、如何让其实现自身价值等问题。

4. 案例总结

在这个阶段，往往要揭示出案例中包含的理论，强化之前所讨论的内容，提示后续的案例，给学生以鼓舞。此时，教师可以帮助学生对案例产生进一步的认识和理解，丰富他们的学习经历。例如，教师可以以讲解的形式引入某些概念来考察案例讨论中的一些重点及难点，着重强调案例的某些方面，指出在讨论中忽视的问题。之后，学生和教师根据情况可做必要的小结，但总结的重点不是要对案例分析作出结论性意见。因为解决案例问题的决策方案常常不是唯一的，所以教师的总结应是就整个讨论情况作出评价，肯定学生中一些好的分析意见及独到新颖的见解，特别是对某些问题可以启发学生作更深一步的思考，作出启发式的诱导。此外，教师应指出讨论中的优点和不足，如发言的热烈程度、争论状况、问题分析是否透彻、相关理论是否运用得当、是否达到教学目的等进行总结，这有利于逐步提高案例讨论的质量。

二、游戏教学法

（一）游戏教学法概述

所谓游戏教学法，是结合教材的内容，运用游戏的手段如游戏产品、开发游戏课等，从学生的兴趣爱好出发，将所要学习的知识点转换成游戏，通过游戏的感性活动，引导学生从游戏中掌握知识的一种教学方法。游戏说最初发源于哲学。最早对游戏说进行系统阐述的是德国哲学家康德。他认为艺术是"自由的游戏"，其本质特征就是无目的和目的性或自由的和目的性。此后，弗里德里希·席勒和谷鲁斯分别在前人研究的基础上发展了游戏说。

1952 年，教育和发展心理学大师皮亚杰从他的认知发展理论派生出了游戏理论。从此，游戏理论延伸到教育学领域，但是当时游戏理论主要应用在儿童发展教育的研究上。

管理游戏（Management Game）在企业管理中是一种常用的方法，日本索尼公司在 1976 年首先创立了 Sony Management Game，1982 年美国许多公司都引进该竞争性游戏，并且逐渐移植到计算机中。此后，国外许多高校将管理游戏引入管理学科的教学中，并且作为 MBA 教学的主要方法之一。我国最早由北京科技大学于 1996 年从日本引进该教学方法，并且结合国内的实际情况进行了本土化。中国人民大学根据著名管理游戏——沙盘模型的原理，成功开发了 ERP 教学模拟系统，并应用于管理教学中，取得很好的效果。近年来，管理游戏越来越多地应用到企业人力资源培训和人才的选拔中。

（二）管理游戏教学法的优点

1. 可以充分调动学员参与的积极性

《超级教学》作者、美国超级营地创建人之一的埃立克·詹森相信影响学习的两个核心因素是状态和策略。状态即创造学习的适当的精神状态，策略则代表授课风格和方式。在好的教学中，都会有状态、策略和内容。但是，传统的、以教师为中心的"一言堂"教学模式忽视了状态，而它是三者中最重要的。"学习之'门'必须打开，否则真正的学习无法发生。而那'门'是一种情绪性的东西——学习的'门'"。为了打开学习之"门"，在教学中，必须采用多种媒体协调教学环境，创造一种轻松的气氛。在传统的职工培训教学过程中，每个学员的学习状态是不一样的，有些学员精力集中，思维活跃，非常投入地跟着教师讲课的思路走；而有些学员则"开了小差"。管理游戏教学法就是运用一种特殊的形式，解决学员的学习状态问题。通过教学过程中学员的参与和师生的互动，突破了传统教学中以教师为中心的思维定式，使学员成为培训过程中的中心。游戏具有神奇有趣、意外不断发生的特点，从而激发学员内心的好奇与兴趣，让学员在充分享受到参与乐趣的同时，促使学员实现自己当主角的目的。学员全身心地投入到活动中去，不仅要动脑、动手，还要动口，争相发表自己的见解，甚至是争论；调动自己所有的知识储备和经验来对所学知识进行论证，或解决情景设置的问题；在游戏过程中可以充分发挥自己的想象力，使游戏在改变自我认知、释放能量、改变态度和行为方面发挥神奇的效果。

2. 可以有效地培养学生的创造性思维

当今时代知识更新日益加快，衡量一个人素质的主要标准不再仅仅是他占有知识的多少。有位国外学者指出，一个人在未来社会必须通过教育拥有三张"通行证"，即学术性通行证、职业性通行证以及事业心和开拓技能（创造力）的通行证。我们不难获得一个共识：新的时代更加强烈地呼唤教学对创造性思维的培养。社会的创新、民族的创新、国家的创新、企业的创新、学习的创新，归根到底是人的创新，是人在创新。对于企业来说，经营业绩徘徊不前往往是由于视野不开阔、管理不得力、资源配置不合理、信息不及时或不准确等因素造成的，最重要的是由于企业不能在管理、产品和市场等方面开拓创新。对企业员工而言，创新除了要有经验、知识和眼界之外，还要具有创造性的思维方式，即积极的求异性、敏锐的观察力、富有创造性的想象力、独特的知识结构以及活动的灵感。游戏是一种能够激发发散性思维的载体。在管理游戏情景设置中，学员会遇到许多课堂、工作和生活中难以遇到的特殊问题，有些问题甚至超出了学员们的经验范围，需要他们调动自己的全部思维去解答。这就在互动的游戏过程中，引导学员突破传统的思维方式，开启智慧的大门。

3. 影响和改变学员的态度与价值观

成年人不是一张可以随意涂写的白纸，他们具有丰富的阅历和经验，有特定的知识结构和理解问题的思维方式，有较强的独立性和辨别是非的能力，有强烈的表现欲。如果在讲课时置学员原有的经验和知识于不顾，不给学员参与的机会，而是一本正经、按部就班地讲概念、讲道理，往往会使学员产生抵触情绪和厌学心理，从而影响培训的效果。管理游戏教学法的一个比较突出的特点就是它能够让学员"顿悟"。这种"自悟"的道理，不是培训者硬塞给他们的，因而对他们的影响和触动是深刻的。在游戏过程中，培训者往往有意让学员先"犯错误"，或者在整个游戏过程中任凭学员"误入歧途"，等到游戏进入尾声或结束后再揭开谜底，这时学员往往会恍然大悟，茅塞顿开。这正是管理游戏法的魅力所在。比如"交流与沟通"的专题，从表面上看是简单的理念和道理，但讲授起来却容易流于空洞和老套，让学员觉得索然无味。通过设计"两说两画"游戏，创造了两种截然不同的交流和沟通条件，产生了两种大相径庭的沟通效果，让学员真真切切地认识到，交流和沟通的方式、环境、介质、时间、主体等都会影响交流和沟通的效果，对学员以后的工作、生活将产生或多或少的影响。

4. 可以让学员在相互交流碰撞中产生"头脑风暴"效果

现代培训的一个重要理念是"学生是最重要的资源"。过去我们说"给学生一杯水，教师首先要有一桶水"，现在则讲"我们每人都有一杯水，合在一起我们会分享到一桶水"。管理游戏教学成功的要素之一就是要充分利用学员的资源。游戏一般都是由多个人共同完成的。在游戏中，每个成员都必须充分调动自己以往的经验，在游戏规定的情境中去努力完成任务。在不同阅历背景、不同知识结构、不同个性成员的接触、交流、思维碰撞的过程中，会闪现出许多智慧的火花。这种集思广益、集众家所长的结果，会使人受到很大、很多的启发，体会到团队合作的快乐。

5. 可以改变课堂上的沉闷气氛

管理游戏教学法可以彻底打破以往课堂教学中沉闷的气氛，创造一种温暖、热烈的氛围。有经验的教师会在讲课开场时运用小游戏进行课前破冰，创造一个紧张的、愉快的学习氛围，激发起学员学习的好奇心；在学员学习疲倦昏昏欲睡时，调动大家活动一下身体；在学员互相不熟悉时，运用游戏打破僵局；在学员对问题理解过于肤浅时，游戏让人深思；在强调记忆要点时，游戏使人记忆深刻；在课程结束时，游戏运用得当，令人难以忘怀，产生"余音绕梁"的效果。

（三）管理游戏教学法使用中应注意的问题

正是由于管理游戏教学法的诸多优点，它已经越来越多地在教学中得到尝试和应用。然而，管理游戏教学法也有它的局限性。不同的课题、不同的学员、不同的时间和场合，甚至不同的授课教师都会产生不同的效果。它比较适合经营和管理、观念和态度方面的培训。它的培训对象一般是企业中从事管理的人员。另外，游戏教学占用的时间比较多，不宜过多地使用。"教学有法，教无定法"，没有一种万能的、一成不变的所谓最优教学法，教法的优劣要因内容、因时、因地、因人而定。管理游戏法对教师的要求特别高。一位有名望的艺术家说过，从长远的观点来看，一个演员的素质重于技巧。从某种程度上来说，教师就是站在讲台上的演员。教师在努力提高业务技能和水平的同时，还要不断提高自身的文化修养，将现代教育理论和教育学、心理学知识灵活地运用到教学中。这样才能依据学科知识不断更新的特点以及现代教育理论和学员与时代的要求，设计出灵活的、行之有效的教学方法，使教学真正成为一门艺术。教师在备课和教学过程中要注意做好以下几方面的工作：

1. 精心做好游戏设计

选择一个与本课堂所要阐述的主题比较吻合、难度适当、时间合适，并且易于操作的游戏就让人颇费心思，教师在平时就要多积累、多开发和设计一些比较好的游戏，在需要的时候才能信手拈来，恰到好处。要做好游戏的内容和时间的规划。游戏是双向或多向交流的过程。在交流过程中会出现意料之外或不利于课堂发展的问题。教师要充分估计到可能发生的情况，设计几套应急措施应对如冷场了怎么办、跑题了怎么办、中间怎样引申、最后如何归拢等情况。有必要或有条件的话可以进行课前演练，对游戏所需要的道具或器械也要再三检查，这样才能做到心中有数，沉着驾驭课堂。

2. 制定并坚持公平的游戏规则

游戏规则是保证游戏顺利进行并取得效果的关键，规则要科学、准确、简单明了、公正公平。语言表述不能模棱两可、让人产生歧义，否则会造成教师行为的被动，影响课堂效果。要把机会尽量公平地分配给每位学员，每人都有参与、表述的机会，让智慧的火花通过碰撞闪现。比如说让学员在教师设定的某一经营管理情境中分别扮演不同角色，以角色的身份去完成教师的工作或任务。一次扮演完成后，可交换角色。多次交换后，学员就可以从不同的角度去体验各职务之间的配合、交往和协同动作。这种换位思考对今后工作，特别是对建立良好的人际关系、树立团队精神均有裨益。

3. 明确参与游戏的态度

管理游戏教学和其他教学方式一样，都要有明确的教学主题、内容和目的，不能嘻嘻哈哈、马马虎虎。游戏前，教师首先要对参与学员提出要求，使其遵守游戏规则；游戏中，应严格遵循情景设置，并按照程序一步步准确完成。

4. 努力营造游戏的氛围

氛围决定着游戏的效果。教师不仅要指导学员完成游戏过程的内容，把所要阐述的教学思想穿插在游戏中去，更要努力营造一个良好氛围，使人人能够畅所欲言，人人都想发表自己的见解。聪明的教师无须更多的语言，一个首肯的眼神、一个赞许的手势，以及只言片语的表扬就足以形成这个氛围，使学员感受到培训是一件快乐的事情，在快乐中感受提高，在快乐中品味收获，达到游戏教学的目的。

5. 善于引导和把握学员的主动反应

一堂成功的管理游戏课，教师的作用是贯穿始终、不可轻视的。作为"群言堂"的导演，教师要注意根据学员的表现，快速、果断地拿出应对方案，依据教学目的或婉拒、或转移、或搁置、或疏导、或鼓励，充分发挥"导"的作用。尤其要注意学员在教学过程中的主动反应，因势利导地引发双向或多向交流。要通过精心设计，使学员的主动反应出现在教学进程的关键部位，即本堂课的重点和难点问题上，避免在一些细枝末节的问题上争论不休，浪费时间和精力。同时，要注意成年人在生理、心理、自尊、探索等方面的需要，不要轻易伤害学员的自尊心。即使言而有误，见解不高，也要让他体面地坐下，并且有兴趣再次发言。更为重要的是，要启发学员进行更深层次的探索，一旦遇阻或由教师本人、或调动其他学员适时助其一臂之力，此时的升华是最难能可贵的。

6. 做好游戏后的点评工作

游戏后的点评工作是使游戏从"玩"到"悟"的重要环节和步骤。教师恰当的点评往往是"画龙点睛"之笔、"妙笔生花"之处，是整个教学成功的关键。教师可以通过不断的追问，引导学员进行深思，从而使学员对所学内容有更深刻的认识和理解。总之，教学有法，但无定法。世界上没有一种放之四海而皆准的教学方法，因而对任何好的教学法都不能完全照搬，而应根据实际情况，吸取合理的思想和有效的成分，创立一套符合实际的教学方法。因材、因人施教是职工培训教学的唯一出发点。

（四）游戏教学法在旅游管理教学中的应用

1. 游戏教学法的规则

①把全班按照 3 名学生为一组分成若干组，按照三角形排座。如果教室的座位不能移动，可以让 3 名学生并排坐。如果有需要的话，也可以 4 名学生一组参与游戏，但是 3 名学生一组效果会更好。

②在各小组中，选择 1 名学生担任"记录员"，记录在游戏过程中产生的"游戏答案"。

③所有的学生，包括记录员，都必须参与到游戏过程中来。

④当学生以小组为单位结束一个游戏后，组织全班进行集体讨论。最有趣的就是发现各个小组得出的不同的游戏答案并对它们进行比较。

⑤一些游戏可以布置给学生作为个人或者团队完成的家庭作业。

⑥一些特别的游戏可以在不分组的情况下，全班共同参与讨论。游戏教学法比较适宜在 45 名学生组成一班的情况下采用，也可以在人数更多的班级使用。完成一个游戏大约需要 60 分钟。一般来说，学生游戏时间控制在 30~40 分钟，再用 20 分钟全班集体讨论来确定哪一个游戏的答案或解决办法更加合适。

2. 游戏教学法在旅游管理教学中的应用

（1）帕洛格心理类型游戏

帕洛格在他的一篇文章《为何旅游目的地受欢迎程度出现大幅度波动》中指出，一般来说，根据游客对风险的态度不同，可以将目的地的游客分为 5 种类型。请确定冒险多中心型到风险规避的自我中心型等 5 种游客分别可以在哪些地方找到，然后试着猜一猜到 2025 年这 5 种类型的旅游者会在哪里。

这个游戏的一个好处是，它要求学生将帕洛格心理类型模型应用到当今的旅游业中，并猜测在未来 2025 年，它将如何在旅游业中得到应用。

（2）能指与所指游戏

能指和所指都是索绪尔语言学的术语。索绪尔认为，任何语言符号都是由能指和所指构成的，能指是指语言的声音形象，所指是指语言所反映的事物的概念。能指和所指是不可分割的，就像一个硬币的两面；但是某个特定的能指和某个特定的所指的联系不是必然的，而是约定俗成的。符号的任意性原则是索绪尔语言学的一条重要原则，它支配着索绪尔的整个语言的语言学系统。

假设学生及其队友正在为一个旅游代理商工作，他们被要求拿出一个商业广告，在不指出这个国家名称的前提下就能让人们知道这是哪里。法国符号学家罗兰·巴特将这种现象称之为"法国性"或"意大利性"。当谈到对媒体中标识的理解时，诀窍就是倒退着进行，也就是说，首先想出我们想要植入人们头脑中的想法或概念，然后想办法去实现它——运用我们手边的各类媒体资源。例如，如果以电视作为媒介，我们需要考虑拍摄角度、色差、实物拍摄、剪辑技巧、音效、音乐、对话和动作等影响因素。电影观众和电视观众都能够将屏幕上看到各种标志和听到的声音转化——他们精通此道，轻而易举地将相关标识与编码、约定习俗等对号入座。

在这个游戏里，我们同样从所指开始，为其寻找合适的能指。具体游戏方式如下：我们将进行一场扮演"秘密特工"的游戏。假设学生是一部电影的导演，希望观众明白这是与秘密特工相关的题材。他们希望观众明白自己正在观看一个秘密特工，但他们不能明说。因此对于男性特工，他们可能会使用一些能指来暗示，如风衣、墨镜、宽大的帽子、密码书、消音手枪、跑车等。

左轮手枪用在这里就不大合适，因为它是西部片的标志，会误导观众。因此需要注意我们的能指或者小道具的合理性，不要使观众产生误会。所罗列的这些能指可以以图画的形式画出来，但对于简单的小物件来说，学生们可以直接说出名称。

如果你的班级规模较小，你可以请每个队里的抄写员将他们的答案写在黑板上。如果你的班级规模较大，你可以多写上几个城市，这样还可以看看学生们对于所举出的代表性事物是否同意。比如学生们在表示"法国"的时候，会举出艾菲尔铁塔、贝雷帽、卢浮宫等，但这些能指更多的是代表巴黎，而不是法国。经过一番讨论，学生们通常能够找到更加具有概括性的能指，如法国国旗、法国蜗牛等。

（3）神话游戏

在这个游戏中，我们将检验在旅游这种情况下，古代神话和传说（也可能被称为神圣故事和传说）与我们的心理、我们的艺术和我们的日常行为之间存在的联系。这个游戏是基于伊里亚德在他的书《神圣与世俗》中提到的一个观点：我们貌似世俗的活动通常源于某种强烈的神话和神圣基础。

伊里亚德认为，尽管我们并未意识到，但是许多现代的行为最终还是神圣的。神话有以下几种属性：

①它们是叙事或故事；

②它们涉及超人类或神；

③它们影响我们的行为，虽然我们可能没有意识到它们。

神话的作用在于给我们的日常生活以意义，尽管我们通常不会意识到我们做的事情和古代神话之间的关系。以奥德修斯为例，要求学生填写表格，说明神话是怎么和旅行或旅游中的心理分析概念、历史事件、精英文化、大众文化以及日常生活联系在一起的。

（4）游戏：本我 / 自我 / 超我游戏

这个游戏运用了弗洛伊德的人格结构理论，他认为在人脑中，本我（欲望、性等）与超我（罪恶感、对欲望的压制等）在不断斗争，为了协调本我和超我之间的矛盾，自我在二者之间进行调节。自我包括了解现实、理性行事，并试图平衡本我和超我的力量。

做这个游戏的时候要确定哪个城市、建筑或国家是本我的、自我的或超我的，可以添加任何学生可能感兴趣的话题。这个游戏能够训练学生对消费者动机和旅游者潜在需求的洞察能力。

三、以问题为基础教学法

我国旅游业的蓬勃发展产生了对旅游人才的巨大需求，为高校旅游管理专业提供了良好的发展机遇。但是，随着知识经济时代的到来，信息技术迅速发展，竞争环境动态多变，对旅游人才的终身学习能力、知识应用能力、复杂环境适应能力、创造创新能力及合作沟通能力都提出了更高的要求。Problem-Based Learning（以下简称 PBL）旨在培养学生的自我学习意识和解决问题能力，与旅游管理专业培养应用型、产业领袖型人才的目标相吻合，将 PBL 引入旅游管理专业教学将会促进旅游人才培养模式的创新，对培养适应产业发展需要的旅游人才有重要的意义。

PBL 是指以问题为基础的学习，PBL 的学习过程是学习者从实际问题出发，发掘与主题相关的所有问题，以问题为焦点，以团队合作的方式收集和整理有关信息资料，从而让学习者了解问题解决的思路与过程，灵活掌握相关概念和知识，从中获得解决现实问题的经验，最终形成自主学习的意识和能力。由此可见，PBL 包含以下要点：问题为中心、小组形式、自我导向。

1. 旅游管理专业传统教学模式存在的弊端

传统的课堂教学手段陈旧落后，既不能有效地调动学生的学习兴趣，又缺乏对学生职业道德、基本素质和多种能力的培养，因而无法满足旅游管理专业大学生学以致用和可持续发展的需要。

目前我国许多旅游高等院校正在积极采用"单项技能操作训练 + 旅游企业见习、实习"的实践教学模式，根据杭州、广州、昆明等六所大学的问卷调查初步结果显示，学生们普遍呼吁要加强实践教学，可见目前的这种模式仍然存在弊端。技能操作训练与旅游企业见习有时间间隔，等到学生应用时会发现所学的技能理论已经忘记。在实习环节中，理论上是要求多部门换岗实习，让学生尽可能熟悉企业的操作流程。而实际上由于学生自身服务技能和管理能力的缺失以及学校与企业之间缺乏有效协作，实习生几乎都是被安排在一线服务岗位且彼此间很少调换，这样的实践教学很难达到理论上设想的效果。所以迫切需要从加强课堂教学入手，改变目前教学模式存在的弊端，弥补学生在实践能力上的不足。

2. PBL 在旅游管理专业中应用的必要性分析

据调查，大部分旅游高等院校将人才培养目标定位为"培养旅游业界中高级管理人才"。旅游业界期望旅游院校的毕业生在校期间就练就熟练的服务操作技能和基本的管理能力，从而加快进入中高管理层，成为旅游业的中坚力量。而现实的情况是由于应用性教学环节的缺失，学生毕业后很难达到业界的期望。所以将 PBL 引入旅游管理教学可以弥补应用性教学环节的缺失，培养学生解决问题的能力，缩短毕业后在基层工作的时间，这样既符合高校的人才培养目标定位，也能培养出适应旅游业发展需要的人才。

旅游管理专业作为一门应用性很强的学科，其教学应具有三个重要特征：（1）强烈的应用导向性；（2）强调实际工作中的复杂性与动态性；（3）重视培养学生的书面和口头表达能力、协调能力、冲突处理能力和独立解决问题的能力。

PBL 是以学生为中心的教育方式，是以问题为基础的教学方法。与其他教学法相比，它具有六个核心特征：以学生为中心；老师扮演促进者和指导者的角色；在老师的指导下以小组的方式进行学习；真正的问题是在学习中遇到，没有经过提前的准备和研究；所遇到的问题可以作为获取知识和问题解决技巧的工具，并最终实现解决问题的目的；通过自我学习寻找新的信息。当然还有一个共识可以作为它的第七个特征，即学生通过分析和解决问题达到学习知识的目的。基于以上的分析，可以将 PBL 教学法与传统的教学法作对比，以便对它的应用有更好的理解。

PBL 教学法正好具备旅游管理专业教学应具备的特征，可以克服传统教学法存在的弊端，真正实现课堂理论与社会实践的结合，学中干，干中学，知识水平和各种能力都得到了提升。根据陈才的观点，旅游管理专业学生的能力体系中的核心能力包括五方面，即合作沟通能力、解决问题能力、心理承受能力、组织管理能力、创造创新能力，这与 PBL 教学法的优点正好吻合。

综上所述，将 PBL 教学法引入旅游管理专业教学是一个很好的选择。首先，传统教学法与旅游管理专业人才培养不相适应。陈旧的教学方式无法激起学生的学习兴趣，理论与实践分离的模式与培养应用型人才的目标向左，旅游管理专业毕业生在旅游行业就业率低、流动性大，所以亟须对传统的教学方法进行反思和调整。其次，PBL 教学法与旅游管理专业应用性的学科特点相适应。作为新兴产业的旅游业发展中出现的各种新问题亟待在探索中得以解决，PBL 教学法引导学生真正关注旅游业成长和发展中出现的问题，并积极参与到旅游业发展的开创性研究中。最后，PBL 教学法所具有的优点与旅游管理专业学生所要求具备的核心能力相吻合。在教学阶段加强能力培养，可以缩短学生毕业后在基层岗位锻炼的时间，有利于学生的职业发展和旅游企业的人才集聚。

3. 在旅游管理专业中有效实施 PBL 教学法的策略

（1）领导重视是前提

PBL 教学法是一种全新的教学模式，在我国尚处于起步阶段，虽然国内有些医学院校已经先期开展了试验，且取得了良好成效，但尚未普及。任何新事物在发展初期都会遇到阻挡，PBL 教学模式实施中也遇到很多问题，如师资、教学资源和设备的缺乏，学生的不适应等。改革的实施以及后续问题的解决都需要领导的支持，所以院校领导应首先对 PBL 教学法进行认真学习和积极推广，加大 PBL 改革的宣传力度，促进旅游管理专业教师对 PBL 教学模式的了解，建立合理的激励机制，提高教师对改革的热情。这样才能为PBL 教学改革创造有利条件，为它有效实施奠定前提。

（2）资源保证是基础

在师资方面，有质和量两方面的要求。首先，由于 PBL 要求分小组进行讨论，如果按照国外模式须 6~7 人一组，且每组都有一位带教老师。与传统教学相比，一个班级（通常由 30 多人组成，有些院校每班人数甚至可达40~50 人）要被拆分为几个小组，教师需求数量显然高出几倍，因此要保证

PBL 教学的质量必须要有充足的教师。其次，要对教师的指导技巧进行培训。PBL 对教师的角色转变提出了要求，教师须从内容传授专家向过程控制专家转变，愿意与学生分享权力并且与学生建立合作性的工作关系。巴罗斯认为，一个胜任 PBL 的指导者应同时具备学科能力和指导技能。这要求教师不仅在旅游专业研究方面有较深的造诣，而且要知道何时并且如何干预学生的学习过程，所以有必要针对教师进行 PBL 教学技巧的培训。

在试行和推广 PBL 教学模式过程中，为保证教学效果，必须扩大图书馆藏书量，添置必要的实验设备、教学仪器及电子工具等。鉴于年轻的旅游学科地位较低，大多数高等院校对旅游管理专业的资源倾向不够。所以，是否购置充足的教学设备和资源是决定 PBL 教学法在旅游管理专业中能否有效实施的重要因素。

传统的教材编排体系适用于传统教学方法，以问题为基础的 PBL 教学法要求改变以理论为主体的教材编排体系，教材编排须以开放的、能够自由探索的、结构不良的、随新情况而变化的问题为基础，以引导学生自我学习为原则。而目前没有现成的资料可供参考，需要教师推陈出新，制定与旅游管理专业实际相结合的新教材设计模式。而且小组式的学习方式对学生的团队合作能力提出了很高的要求，需要改变原有的课程安排，在专业知识学习的基础上增加学习技能培训的课程。

（3）问题设计是关键

问题设计是决定 PBL 教学法成功与否的关键因素。问题的质量不仅影响小组功能的发挥，也影响学生自主学习的时间及对所学内容的兴趣。真实世界中的问题通常是多变的、劣构的，它要求解决者不仅要拥有解决问题的基本知识，还要具备批判性的思维能力、应变能力以及发现和使用适当学习资源的能力，而这是很难在传统的解决良构性的问题训练中得到培养和提高的，这也正是学生在面对现实问题时，无法实现知识迁移的主要原因。

PBL 中的问题设计要遵循如下原则：第一，问题是存在于真实情景中的、结构不良的。这要求教师与旅游产业界保持深入的联系，将旅游产业发展热点问题引入课堂深入研究。第二，问题设计能够激发学生的学习动机。老师应多与学生交流，了解他们的知识水平和兴趣点，使问题与学生的兴趣点相契合，这样可以最大限度地调动学生的积极性和主动性。第三，问题设计要以课程目标为基础。问题的设计必须是建立在对学习任务及其背景有深刻了解的基础上，只有这样，才能在解决问题的过程中按部就班地掌握到系统的理论知识。

在 PBL 问题设计的具体操作上，洪玮提出了 3C3R 问题设计模型和九大实施步骤。3C3R 问题设计模型包括两个级别的元素：核心元素和过程元素。其中核心元素包括内容（Content）、背景（Context）和关联度（Connection），过程元素包括研究（Researching）、推理（Reasoning）和反思（Reflecting）。九大实施步骤中前四步分析了学习的目标、内容和背景，帮助挑选问题；接下来的三步确保问题可以具体化；最后两步是反思并确保 3C3R 各元素包含在设计的问题中。

（4）合理评价是动力

麦克唐纳和萨文·巴登指出，PBL 教学法的评价方式包括：考试、报告、个人或者团体演示、案例研究、第三方评估、自我评估。他们还推荐一些评估的准则：评估应以实践为背景，应对基于活动的过程进行评估，学生应与客户、同事以及在职业生涯中可能遇到的人一起工作，学习结果、教学方法应与学习目标相一致。而且他们还进一步补充，PBL 教学法的评估应着眼于学生如何整合整个学习过程，而不仅仅是实际学到了什么。应该使评价方式、评价主体、评价内容多元化，合理的评价可以促进学生对 PBL 的接受和认可，从而为它的有效实施提供动力支撑。

（5）循序渐进是原则

鉴于传统教学法的长期实施对教师和学生的根深蒂固的影响，以及 PBL 教学法在我国的医学院校先期试验中所遇到的问题，将 PBL 教学法引入旅游管理专业教学应遵循循序渐进的原则，根据院校的实际情况，分时期、分阶段实施。在实施过程中不断摸索、不断总结、不断调整，探讨出符合旅游管理专业实际情况的 PBL 教学法。

四、现场体验计划教学法

（一）问题的提出

"择业危机"已成为我国高校旅游管理专业毕业生所面临的重大问题，主要表现在三个方面：一是旅游管理专业的毕业生不在本行业就业，有研究表明其专业对口率一直在 15% ~ 25% 的区间波动；二是能够坚持在本行业就业的学生比例很低，毕业两年后仍在本行业就业的还不到 20%；三是旅游行业从非旅游专业招聘员工。这三方面都说明了我国旅游教育存在一定的问题。

郑仕杰从我国的教育体制角度、旅游企业角度、社会角度以及学生角度对此现象的成因进行了分析，并提出了相应的对策。他认为，许多院校旅游专业的开设是跟风而上，没有考虑专业的定位问题，对于培养何种类型的人才没有明确的目标，以至于就业后很难适应旅游行业相关岗位的需要。

21世纪给全球各个产业领域带来了空前的不可预测的变化，旅游业也不例外。全球化、技术的进步、世界性经济危机等使得旅游业处于一个复杂的动态环境中。我国的旅游业要在激烈的全球竞争环境中取得发展，旅游人力资源的培养不可忽视。因此，为了引领企业取得成功，需要改变传统的经营管理和教育培训模式。

（二）不确定的产业环境呼唤现场体验学习方法

1. 我国旅游人才的供需矛盾突出

近年来，我国旅游业的迅速发展带动了旅游院校（包括完全的旅游院校和只开设有旅游系或旅游专业的院校）的数量大幅增长。

近几年来我国的旅游高等院校数量总体上呈增长趋势，但是增长比例有所下降。相应地，在校生人数逐渐递增，增长比例波动不大。专业教师的数量基本呈增长趋势。

我国有数量如此庞大的高等旅游院校和在校生人数，每年都有大量的专业学生毕业，但旅游行业还是从非旅游专业招聘员工（比如，商务专业）。这表明了我国的旅游教育只是呈现了数量上的增长，质量上却还是与产业需求相脱节。在当今的世界环境下，单纯依靠优异的学习成绩已经不能满足学生在毕业之后找到一份好的工作。

旅游人力资源在供给上存在浪费，在需求上却还显不足，日渐成熟的旅游产业开始注重高质量的管理人才。我国现行的旅游人才培养方式显然已经不能满足产业对人才需求的要求。

2. 全球环境变化及产业变化带来机遇和挑战

全球化在创造大量机会的同时也为不同的国家和经理们制造了重大的挑战。这个动态的充满竞争的全球环境改变了传统的竞争原则，全球企业都在寻找创新出路，抓住机遇，以不被世界经济所淘汰。在这样的动态经济环境当中，企业领导将成为关注的焦点。的确，我们现在所面临的环境对管理才能有着更为迫切的要求，其中企业家才能、领导能力、适应能力、危机处理能力以及创造力是必不可少的。

世界经济的一体化推动了国际旅游业的高速发展，形成了规模宏大的国际旅游市场。在全球旅游业良好的发展态势下，我国旅游业也取得了空前的发展。依据世界旅游组织提供的统计显示，中国旅游业在过去的时间里发展迅猛。就拿2007年来说，到中国旅游的外国游客已经达到5470万，中国稳居世界第 4 旅游大国的地位。在同年的国际旅游消费者排名中位居第 5 位，境外旅游支出近 300 亿美元。在世界前十大消费国中，中国的增长最为强劲，与 2006 年相比增长 23%。

我国旅游业如此迅猛的发展形势预示了我国的旅游人才需求缺口很大。那么，如何来应对全球挑战呢？玛亚卡和阿卡玛认为，任何一个参与国际旅游市场竞争的地区或国家都需要有一个发展良好的教育培训战略。

3. 不确定的旅游产业环境呼唤应变能力的培养

随着旅游业逐步走向质量型、效益型的发展道路，产业对旅游从业人员的素质提出了更高的要求。在旅游市场上，旅游产品和旅游服务的竞争只是一种表面现象，其竞争实质是管理和技术的竞争，反映的是旅游从业人员的竞争。

在一个能够随时出现机遇和挑战的动态环境中，领导者带领企业适应环境的角色是非常重要的。伟大的领导能够建立伟大的组织。当外部环境对企业的影响不可忽视的时候，许多企业就是因为领导者的能力问题而被淘汰。旅游业面临的环境变化要求领导能够以整体眼光来审视自己的组织，认识到应该做的相应调整以使组织适应环境的变化。

企业家们意识到要想在未来的突变环境中生存并且获得成功，灵活、智巧和创造力是必需的。而且，他们也要具备创新、危机处理能力以及采取企业家的行动的能力。无论是发达的还是不发达的经济环境，企业家的危机处理能力都是必需的。

面对旅游业的全球化，扩大我国旅游企业在国际旅游市场上所占的份额，加入世界旅游市场的竞争，已经成为每个旅游企业面临的挑战。因此，摆在旅游教育者和研究者面前的一个迫切问题就是能否确保他们在科研和教学中所作的努力适应这些（环境）变化的需求。培养出具有高度应变能力的人才是时代的呼唤。

（三）现场体验计划

贾亚瓦迪纳在他的文章《国际接待业管理教育的挑战》中指出，接待业管理教育应该像其他专业教育一样，引领产业的发展而不是跟随产业发展。行业的教育者在培养学生走上工作岗位的同时必须要预测到产业未来的需求，从而为学生的职业发展提供相应的研究和领导技能培训。他认为，旅游业正在以前所未有的速度发展，行业面临着许多新的变化，其中最重要的就是国际化和以人为本。为了培养将来的旅游产业领袖，教育者应当"跳出圈子看问题"。面对当前的商业环境，培养学生的领导才能势在必得。

哈佛商学院（以下简称 HBS）一直致力于培养学生正确理解并处理外界复杂环境的能力，以帮助学生树立领导动机为己任。现场体验计划是哈佛商学院于 2006 年创立的一个针对 MBA 一、二年级学生进行实地工作并学习的项目。

1. 现场体验计划的创立及发展

2005 年，美国发生了历史上破坏力最强的"卡特里娜"飓风，给美国的社会经济造成了极大的损害。其中，新奥尔良地区的生命财产损害最为严重。面对灾情，2006 年，在学院职员斯特西·柴尔德里斯和达奇·莱纳德的指导下，在社会企业创办基金以及 MBA 项目的资助下，哈佛商学院由学生发起了一场救援运动，学生与当地组织一起参与到援助新奥尔良灾后重建的工作当中。之后，2007 年，在新奥尔良项目之外又建立了波斯顿康复中心项目和中国项目。HBS 为学生提供了参与这些项目的资金和大力的行政支持。2008年，项目数量在原有基础上增加了一倍，具体包括波斯顿康复中心、越南项目、欧洲项目、印度项目、新奥尔良项目、埃及项目。2010 年的项目计划包括 9 个国际项目：巴西、中国、哥斯达黎加、印度、秘鲁、卢旺达、阿拉伯联合酋长国、巴林及越南。其中，卢旺达项目是首个学生为当地组织工作数周的国际性项目。国内项目包括新奥尔良项目，与 Rock Center 合作的波斯顿项目和硅谷项目。

2. 现场体验计划的实施内容

学生们以小组为单位展开不同的工作。有的小组进行促销、调研，策划建立新的城市商业通道；有的为当地受灾学生进行心理辅导；有的开发可行的房屋建造策略，还有的撰写安置灾民的可行性住房报告；有的帮助教育机构撰写改革当地教育体系的商业计划；还有的撰写商业计划，为倒塌的学校提供重建战略，为诊所建立医疗实践的基点。对许多参与者来说，这种"浸入"是一个极好的锻炼领导才能的机会。而且，他们不得不在资源缺乏的组织中工作来完成项目，哪怕此前他们对这些项目领域几乎没有一点经验。

3. 现场体验计划的实施效果

HBS 通过提供现场体验项目，弥补了传统课堂教学的不足。这些项目将教学目标与以学生为主的其他元素有机整合，使学生"浸入"到全球的学术、文化以及不同组织的田野工作中。为学生提供了跨文化的学习环境，使学生接触并且融入当地的文化中去。在 HBS，绝大多数 MBA 学生都非常赞同这个项目，原因在于该项目为学生提供了一个参与田野实践的机会从而使得学生能够将课堂学到的一些领导理念运用到管理实践当中，并且与社团和企业领导人进行直接的互动。

　　现场体验计划并不是为了创造出受过良好教育的旅行者，相反，它是通过现场应用管理项目和主动学习这样的管理实践以获得主要观点的传播。因此，大多数现场体验计划项目都是在课堂或者讲座以外进行的，每一个现场体验计划项目都有一个小组利用至少一半的项目时间来进行现场工作。

　　对国际商业环境和多元文化的了解是一个商业领袖必备的业务技能。为了培养学生杰出的领导才能从而在全球显示其独特性，相应的行业教育应该兼具实践性和深远性。HBS 正是通过现场体验计划这样的项目平台为学生理解全球商业提供了机会。

（四）旅游教育的现场体验计划

　　许多旅游院校认为，只要教授与产业相关的、前沿的、以产业发展为导向的课程，学生就可能获得在旅游行业成功发展所需的知识和技能。但是，正如许多研究表明，当前旅游课题面临的最大挑战就是确立明确的课程目标以应对不断变化的产业需求。

　　有学者陆续走访了浙江、云南、广州的几所国内著名旅游高校，从学生的视角出发对我国现行的旅游教育情况进行了调研。通过分析学生所提的建议，发现要求加强实践环节的学生占绝大多数。而实际上，通过与学院领导的访谈得知，各学校都在积极努力地加强实践教学，可还是出现了学生期望与学校教学之间的矛盾。由此反映出我国旅游高校目前的实践教学并不能满足学生的要求，学生在上岗之后还是发现自己的实践体验与实际相差甚远。

　　对改进我国现行旅游教育模式的探讨还在不断进行，学者们普遍认识到现有模式的不足之处在于实践不足且与产业联系不紧密，提出的策略基本趋同。但是，旅游业是一个综合性产业，它对人才的需求是多面的。从业人员不仅要具有必备的业务技能，更重要的是要具有创造力、行动力和领导力，这也是降低本专业人才流失的有效途径。

　　通过解读哈佛商学院的现场体验计划，我们看到，在培养领袖的理念指引下，哈佛商学院通过将学院独特的案例教学法与实践活动相结合，使得以参与为中心的学习体验效果最大化。相关研究表明，产业对学生素质的需求由重视具体操作开始转向具体的商务管理技能。可见，旅游院校的课程体系应当在确保学生学到操作业务的必备技能的基础上，还要使他们获得如何去管理员工的永续的知识。

　　康奈尔大学曾于 1993 年针对酒店行业的专业人士做了一项调查，想要发现酒店管理课程中最重要的领域。调查结果是，所有接受调查的小组都一致认为三项能力最重要，即领导能力、识别问题的能力和写作技巧。要培养适应产业需要的应用型人才，仅靠学校的力量是不够的。我们真正需要的人才是能够在这个复杂多变的环境当中独当一面、快速作出判断的具备管理才能的综合型人才。因此，培养全球化时代的旅游管理人才需要企业、政府与学校共同的努力。

1. 学校培养

学校文化对学生的引导作用犹如企业文化对员工。学校的文化要把领导力作为核心内容来宣传，让学生从入学起就树立领袖理念，认识到当前不确定性环境对未来职业的影响，认识到领导力在将来工作中的重要性。这样在日常的学习过程中，学生会主动去培养自己的创新意识、灵活应变能力、团队合作能力、危机处理能力等。教师在讲授好基本课程内容之余，必须重视培养学生的思考能力和动手能力。课题的设计要体现实际需求，与产业实际相吻合，让学生在处理实际问题的过程中学习成长。

学校还要善于发现机遇，为学生创造现场体验的条件和机会。旅游管理专业必须根据产业需求，培养出更加通晓环境和工作场所多样化的毕业生。简单地说，产业需要管理人员能够将知识付诸实践。

由于企业越来越重视管理人员的领导技能，因此，在旅游教育中做相应的改变也是势在必行的。理解产业面临的最新趋势和问题是与学校提供的相关项目密切相关的，越来越多的经理人被要求承担多重责任。

2. 产业支撑

产业界应该认识到人力资源对于企业发展的重要性。没有充足的人力资源后备军，将难以维持产业的前行动力。因此，产业界要大力支持学校的实践教学活动，提供现场体验基地，使学生切身体会到实践的本质，感受动态环境下企业对人才素质的要求，在处理实际问题的过程中锻炼自己分析问题、解决问题的能力。比如四川旅游部门可以开放地震灾区现场，让学生亲临震区，体验灾后遗产修复、旅游景区危机管理、旅行社包价旅游团危机管理等内容，增加学生的实践应变能力。海南建设国际旅游岛，学生也可以到海南体验政策变革给旅游目的地带来的巨变。

另外，旅游业相关部门在看到产业良好发展势头的同时应当考虑其持久发展的动力何在。教育的力量不可忽视。因此，政府部门应当积极促进企业资源和学校资源的有机整合，为培养优秀的旅游人才共同努力。现场体验计划之所以能不断扩大项目范围，离不开相关部门的大力支持。

五、体验学习教学法

（一）理论基础

体验学习在国外的发展源远流长，其研究史可直溯杜威、皮亚杰、勒温、詹姆斯、荣格、弗莱尔、罗杰斯等人。但是，体验学习的集大成者却是美国的体验学习专家大卫·库伯。1984 年，大卫·库伯曾在他的著作《体验学习：体验——学习发展的源泉》一书中提出了颇具影响的体验学习概念。库伯从哲学、心理学、生理学等多种不同学科详尽地阐述了自己对于体验学习的看法，认为学习应该是由具体体验、反思观察、抽象概括与行动应用所组成的完整过程。

（二）体验学习的内涵

体验学习把"学习看作是体验的转换并创造知识的过程"。在库伯看来，学习首先应是一个过程，而不是一个结果。教师的主要精力应集中于让学生参与到过程之中，而不应过分强调其学习结果，这样才可以最大限度地改善学生的学习方式。

其次，学习的关键在于解决适应世界的双重辩证对立之间的矛盾。我们具有两种不同获取体验的方式：一种是感知（即具体体验），另一种是领悟（即抽象概括）。感知是指我们通过把感觉、心情与情绪融入环境之中，并与之相互作用进行体验。在感知中，我们接触到周围的真实环境。同时，我们也可以运用已有的认知能力，通过领悟来获取经验。但是，无论是通过单一的感知还是纯粹的领悟都难以获得事实的全部真相，因为没有内容的领悟必将是空洞的，而没有观念指导下的感知也必将是盲目的。因此，只有在感知与领悟之间达到统一，学习者才可以获得事实的意义。感知与领悟之间的统一需要学习者通过体验的转换才可完成。体验转换涉及两种不同的加工方式：内涵转换（即反思观察）与外延转换（即行动应用）。两种不同的体验转换方式之间也存在着辩证对立的关系。因此，在库伯看来，学习者必须处理好具体与抽象、反思与应用之间的矛盾。

最后，学习是一个创造知识的过程。知识是在体验的转换过程中被创造的。我们可以区分两种不同形态的知识：社会知识，即仅仅建立在个体领悟基础上的独立的、社会及文化传播的词汇、符号和图像网络；个人知识，即个体对直接经验的感知和个体为了解释其经验、指导其行为而对社会知识的领悟，是这两者的结合。社会知识是先前人类文化的客观积累，而个人知识是个人生活经验的主观积累；社会知识仅仅只是通过领悟获得的，而个人知识是感知与领悟交互作用的结果。社会知识不能独立于个人经验之外，它必须由认知者根据经验不断创造，而不管其经验是通过物质世界和社会世界的相互作用，还是通过借助符号或语言媒介得来。为了理解这些符号和文字，个人知识就产生了。这就是库伯的"双重知识论"。

（三）体验学习的过程

库伯把体验学习看作是由具体体验出发，经反思观察、抽象概括与行动应用并再回到具体体验所组成的完整过程。首先，在这个过程中，学习者先要通过亲身的参与产生了感觉或感受；接着通过对刚才亲身经历或是通过交流、讨论观察到的感觉或感受进行分析、思考和评价，明确自己刚才学到了什么、发现了什么；然后，学习者把反思和观察到的结果进一步抽象，形成一般性的结论或理论，或者是对刚才所发现的现象和问题进行因果解释；最后，学习者还要在新的情境中检验结论或理论假设的正确性、合理性。如果检验得到了证实，学习暂告结束，即学生只要把刚才发现的结论迁移到其他情境中进行应用就可以了。如果检验没有得到证实，将会导向新一轮的具体体验，一个新的学习循环又开始了。因此，体验学习的过程又被人们形象地称为"体验学习圈"。

其次，学习可以由"体验学习圈"中的任何一点进入。尽管库伯一直都非常强调体验（此处指具体体验）在学习中的重要性，但他也反复强调学习者不必总从具体体验开始。

再次，"体验学习圈"需要学习者的体验、反思、思维和行动的全部参与，并要对学习情境和学习要求作出相应的回应。因此，体验学习理论把学习看作是对情感、知觉、符号和行为的整合，是对知、情、意、行的统一，同时还把学习看作是一个开放的系统，是学习者的内部经验与外部环境不断交换的结果。

最后，"体验学习圈"只是一种理想化的学习过程。学习者由具体体验出发，经反思观察、抽象概括与行动应用，再回到具体体验中，这是一种理想化的学习模型。在理论上，这一理想而完美的学习方式来自学习者对两个辩证对立的整合。而在实际的学习过程中，很少有学习者能够解决所有的辩证对立冲突，而经常习惯于以一种固定的方式对外部环境作出反应。

（四）旅游教育领域中的体验学习法

1.旅游教育中体验学习的教学实践回顾

在早期的文献中，克劳森和克内奇将他们的"户外休闲经历"划分为五大主要阶段。第一阶段是计划，良好的计划是重要的，但是有些时候现实可能与预期的不一样，因此也需要制定突发事件的预案。第二个阶段是从出发地到目的地的经历。在这一阶段，时间、成本、路线会影响旅游的质量。第三阶段包括目的地的旅游经历，包括在目的地的各种活动。任何一项单一的活动都可能影响参与者的整体旅游经历。第四阶段是从目的地回家的经历，即使线路是相同的，这一经历和到达旅游目的地的经历也是不同的。对于整个旅游过程的满意度来看，贯穿于第二、三、四阶段的服务质量是非常重要的。第五阶段是回忆体验，和朋友及亲戚分享旅途的记忆。对于参与者来说，这一阶段或许是最重要的阶段，因为该体验会伴随整个人生，并且这种分享会影响其他人去或者不去该目的地。

卡什纳从三个层面提出了组织有意义的教育旅游的指导方针：（1）出发前指导方针；（2）旅游途中指导方针；（3）回程途中指导方针。每一个层面都从教师、学生和父母的角度进行了概括。卡什纳的指导方针大多和远程旅游相关，并且强调教育旅游的目的是文化交流。他认为旅游是有价值的，因为这使得来自不同文化地区的人相遇。而且，通过这种相互作用和交流，人们可以更好地相互理解。对于今天的学生来说，这是非常重要的，因为他们面对的是一个复杂的、互相依赖的全球社会。

但是，这些作者仅是提出了指导方针，并没有说明学生该如何利用这些指导方针来加强学习。波斯根据他组织美国学生进行了三个星期欧洲旅行的经验，提出了一个组织实地考察旅游的系统模型。他认为一次实地考察旅行是由三个阶段组成的：（1）出发前准备阶段；（2）旅行途中阶段；（3）综合学习阶段。

第一阶段：旅行前准备。对于整个旅行来说，该阶段是非常重要的，需要详细的计划和准备。教师需要通过提供讲座或是安排测验和研究任务，来让学生了解在旅途中的学习内容。

第二阶段：旅途中阶段。这是在现场阶段，包括积极的学习和参与活动。这些活动包括当地组织者组织的现场参观和研讨会，或者是演讲和演讲后的问答会。这也包括和当地居民的非正式的互动。在当地参观时，老师是协调者和服务者。在旅行途中，教师强调学生的作用和责任是非常重要的。

第三阶段：综合学习阶段。这一阶段是指学生回到校园后的阶段。在该阶段，教师可以指导学生把在旅行途中的经历和实践与在第一阶段学到的理论联系起来。另外，学生也可以对旅行进行反馈和评估。教师也会要求学生在规定时间内完成一些作业，并且通过考试的方式考查学生的学习效果。

综合上述学者所有的研究成果，我们提出了一个概念性的框架用以描述通过实习考查旅行促进学生学习的重要因素。第一阶段是旅行前阶段，需要教师的详细计划和学生的研究。第二阶段是旅行中阶段，在这一阶段教师应该对每个学生给予关注，学生应该积极地参与各项活动。第三阶段是旅行后阶段，该阶段要求教师帮助学生回忆他们在课堂上的所学及在旅途中的实地体验。

2. 进行体验学习教学法的建议

总的说来，为了通过组织学生的实地考察旅行来提高学生的学习质量，在各个阶段中，教师的作用都是非常重要的。在旅行前阶段，教师必须像建筑师一样制订非常详细的计划。在旅途中阶段，教师是协调者和服务者，并且必须随时关注学生。在旅行后阶段，教师应该是一个优秀的引导者，来帮助学生回忆旅行前在课堂上的所学和在旅行途中的实际体验。

另外，还有一些因素是需要注意的。第一，在一个大的团队之中，学生之间的互相影响以及对学生的个体关注与在一个小的团队之中是完全不一样的。在一个大的团队之中，每个学生可能较少受到来自教师的注意和关心，因此，必须保证在任何一次旅行时，有足够的工作人员。第二，旅行的长度是另外一个增加组织难度的因素，很显然，组织一个一天的实地考察旅行要比组织一个一星期的实地考察旅行要容易得多。就像一个旅行社也得根据它是组织一个短途旅行还是一个长途旅行来执行任务一样，实地考察旅行时间越长，旅行前的计划越是要详细，要做的准备工作也越多。这也需要更多的合作和耐心。但是旅行中也经常会发生一些计划外的事情，所以组织者需要掌握危机管理的技能。例如，在一次实习考察旅行中，小组中 1/3 的学生中了毒，而剩下的学生要继续旅行，病了的学生要被送去医院，因此任何一次实习考察旅行都必须要买所有学生的保险。第三，阻止学生的不适当行为也很重要。例如在一次指导旅行中或是在一个演讲嘉宾面前饮酒过度、注意力不集中或者是制造太多噪音都是不适当的。老师需要在旅行前的动员会上强调良好行为的重要性。另外一种办法就是指派一个小组领导，帮助老师训导其他的同学。第四，老师要提醒学生尊重当地的文化，在临行前准备一次有关文化差异性的培训或是简介也是必要的。

六、在线学习教学法

（一）在线学习教学法（E-Learning）概述

所谓 E-Learning，简单地说，就是在线学习或网络化学习，即在教育领域建立互联网平台，学生通过 PC 上网，通过网络进行学习的一种全新的学习方式。E-Learning 英文全称为 Electronic Learning，中文译作"数字（化）学习""电子（化）学习""网络（化）学习"等。在线学习教学法一是强调基于因特网的学习，二是强调电子化，三是强调在在线学习中要把数字化内容与网络资源结合起来。三者强调的都是数字技术，强调用技术来改造和引导教育。当然，这种学习方式离不开由多媒体网络学习资源、网上学习社区及网络技术平台构成的全新的网络学习环境。在网络学习环境中，汇集了大量数据、档案资料、程序、教学软件、兴趣讨论组、新闻组等学习资源，形成了一个高度综合集成的资源库。

国内的一些学者将在线学习定义为通过应用信息科技和互联网技术进行内容传播和快速学习的方法。在线学习的"E"代表电子化的学习、有效率的学习、探索的学习、经验的学习、拓展的学习、延伸的学习、易使用的学习、增强的学习等。

美国教育部 2000 年度《教育技术白皮书》里对"E-Learning"进行了阐述，具体有如下几个方面：

1. 在线学习指的是通过因特网进行的教育及相关服务；

2. 在线学习提供给学习者一种全新的方式进行学习，提供了学习的随时随地性，从而为终身学习提供了可能；

3. 在线学习改变教学者的作用和教与学之间的关系，从而改变教育的本质；

4. 在线学习能很好地实现某些教育目标，但不能代替传统的课堂教学，不会取代学校教育。

美国在线学习专家罗森伯格认为，在线学习是利用网络技术传送强化知识和工作绩效的一系列解决方案。他指出在线学习要基于三大基本标准：第一，在线学习互联成网，能即时更新、储存、利用、分配和分享教学内容或信息；第二，在线学习利用标准的网络技术，通过电脑传送给终端学员；第三，在线学习注重的是最宏观的学习，是超越传统培训典范的学习解决方案。

在线学习具有以下学习特点：

1. 知识的网络化：学习的知识不再是一本书，也不再是几本参考书，而是涵盖有关的专业知识的数据库。在数据库的支持下，知识体系将被重新划分，学习内容将发生重新组合，学习与研究方法也将发生新的变化。

2. 学习的随意性：散在各地的员工比以往更为忙碌，他们企盼适合于他们的学习时间表和解决方案。学习必须能全年无休地进行，无论是在办公室、家还是旅馆房间。时间逐渐成为学习的关键因素。员工也需要依他们的行程表学习，而不是培训机构的日程。

3. 学习内容保持及时、持续的更新：我们不必再担心员工可能会按照上周或上个月的资讯行动，还误以为它们是正确可用的。长期来说，包括学习教材在内的各种学习资源能保持在不断更新、与业务密切相关的状态，会让资源对员工更具价值。

4. 培训的即时性：传统的培训人员要制定培训教材、安排培训场地，并组织考试、后勤等工作，宣布培训结束之后又马上投入下一个培训的准备工作。采用在线学习解决方案可以将周期缩短到几乎是在即时模式中工作。这并不表示严谨的现场培训方案不再适用——它可能还是最佳的解决方案，只是在工作节奏越来越快的今天，学习本身所需的时间已经超过个人和企业所能支出的时间。如果我们要跟上发生在周围的变动，就必须使用技术和更先进的教学和信息设计技术。

（二）在线学习教学法在旅游教育领域的重要性

为了让旅游组织更具有竞争力，在人力资源方面的投资变得日益重要。全球旅游以及旅游带来的收入导致了社会全球化，这一现象对服务质量和技术标准提出了更高的要求，更使得旅游教育与培训机构面临巨大的挑战。人力资本是能力、服从力和忠诚的总和，与其他的资产不一样的是，人力资本具有可增值性。而且，目前技术仍然依靠人力的投入。如今，对于管理者来说的一大挑战就是使用人力资本来获得更大的优势。

未来社会的成功将大量依赖和依靠于精干、高效的组织和战略合作伙伴。基于这个原因，旅游和酒店教育机构在培养将来的行业人才时，需要特别注重对人才全球化、地区化竞争力的培养。随着世界日益全球化，时间紧迫，世界需要高等教育和更多的培训。人们也正在寻找替代传统的面对面的教育体验的其他学习方式。需求如此之大，以至于很多大学、学院和学校也都开始了一些适应学生需求的在线学习项目。

学习框架协会和奥布林格、巴罗内与霍金斯提出如果我们清楚地知道从用户的角度出发在线学习中的"E"是什么意思，那在线学习的重要性就清楚了。Lomine（洛米内）认为，对于酒店、休闲、运动和旅游来说，用来提高教学质量的在线学习的形式可以有许多种。

（三）拟建旅游与酒店学院在线学习教学模型

基于目前的研究和相关的文献，可以考虑建立一个旅游与酒店领域的在线学习模式，保证在线学习体系成功实施。这一模式对在线学习体系进行了分类，用以避免在实施在线学习体系时可能引起的困惑。在这个模型中，根据电子传递和面对面传递之间的关系，即技术使用水平对在线学习体系进行分类。基于此，在线学习体系被分成有限技术使用、中等技术使用和广泛的技术使用。

在这个模型中，对成功实施在线学习体系的关键因素和质量保证原则进行了探讨。因此，这一模型，是由三个主要部分构成的。第一部分是在线学习的层次，第二部分是成功实施在线学习的关键因素，第三部分是在线学习质量保证因素。

1. 在线学习的层次

在线学习共分为三个层次，有限技术使用层次、中等技术使用层次、广泛技术使用层次。在有限技术使用层次，技术仅仅用于支持传统的教育方法。在中等技术使用层次，技术被中等程度使用，通过整合传统学习和在线学习，保证教学能够达到更好的效果。在广泛技术使用层次，技术被广泛和无限制地使用，完全的在线学习取代了面对面学习。

2. 在线学习的成功因素

该模型说明了成功实施在线学习的四大关键因素。这些因素如下。

（1）在线学习者（E-Learner）

这一模型指出了学习者本身应该具备的一些基本素质及技能，以利于他们成功地开展在线学习。这些基本素质包括：自我激励（Self-Motivation）；IT 技术（IT Skills）；时间管理（Time Management）；自律（Self-Discipline）。

（2）在线指导者（E-Instructor）

在有效和成功的在线学习课程中，指导者发挥了基础的作用。因此，在线指导者必须具备信息技术使用能力（IT Compentency）、教学风格（Teaching Style）、态度（Attitude）和精神状态（Mindset）。

（3）信息技术（IT）

信息技术是导致在线学习产生变革的原动力。在进行在线学习的课程中，信息技术的有效使用是成功学习和学生接受在线学习方式的关键。因此，在线学习成功完成的关键是确保大学的信息技术网络是丰富的、可靠的，而且能够提供必要工具使得传递过程尽可能通畅。

（4）大学

在这个模型中，因为大学教育中有大量可以使用在线学习的项目，学校的支持也被认为是在线学习成功的因素之一。

3. 质量保证因素

另外，这一模型强调了三大保证在线学习质量的因素。这三大因素是内容、技术和服务。内容包括全面的、可信的、调查过的，技术包括容易使用的、可用的、交互式的，服务则包括提供在线学习所需要的资源和任何需要的管理支持。

第五章　中外旅游教育

第一节　学校旅游教育

学校旅游教育旨在根据旅游业的发展需要，依据受教育者身心发展的规律，有目的、有计划、有组织地通过学校教育工作对受教育者进行旅游理论知识、实践能力和职业道德等多种相关知识的培训，以期将其培养成具有一定旅游理论知识和科研、实践能力的人才。下文将比较分析国内外旅游学校教育。

一、国内旅游学校教育

（一）国内旅游学校教育的发展历程

我国旅游教育始于20世纪50年代初，主要是对旅游一线接待人员（翻译、导游、司机、服务员）进行以短期培训为主的教育。这个时期的旅游培训零零散散，主要集中在1959—1966年，像中国国际旅行社总社每年一次全国性的导游翻译培训性会议就是此类的旅游培训，这也是新中国成立以后至1978年国内旅游教育的基本形式。

1978年以后，我国旅游业得改革开放之先，进入新的发展时期。邓小平同志关于加强旅游宣传促销、重视环境保护以及搞好配套设施建设、人才培养和管理、改革分配制度、提高服务质量、旅游商品开发等旅游经济思想成为新时期旅游业的发展指南。在国家大政方针指引下，我国旅游业快速发展，为适应社会对旅游人才的需求，国内旅游教育在条件并不十分成熟的情况下渐次兴起。

国内旅游教育具有起步晚、发展快的特点，先是由国家旅游教育机构与8所高校合办旅游系，随即各地和一些部委院校也先后开办了旅游院校，开设了旅游专业。1979年，我国第一所旅游大专学校——上海高等旅游专科学校成立，到 1982 年原杭州大学经济系设立旅游本科专业，标志我国高等旅游教育体系的形成。

目前，全国绝大部分省、自治区和直辖市都开办有旅游院校，开设专业 20 多个，基本涵盖旅游活动及旅游业的各个方面，全国旅游院校为旅游行业直接培养专业人才已超过 100 万人。经过 30 多年的发展，国内旅游教育已经基本形成中等职业教育、专科（含高职）、本科、研究生 4 个培养层次，每年可为旅游产业直接输送近 30 万名不同层次的毕业生。

（二）国内旅游学校教育存在的问题

我国旅游教育虽然已经取得了比较显著的成绩，但是由于旅游教育的历史短，管理体制不够健全，发展带有一些盲目性，使得旅游教育与全国旅游发展战略、目标和措施结合不够，旅游院校和旅游企业之间未形成稳定的协调机制，缺乏长远的发展规划，在院校增长方式、地区分布、专业设置、课程体系、人才需求计划、人才规格标准、专业教师质量等方面都存在一些问题，从而造成旅游教育规模效益差、教育质量参差不齐的局面。旅游教育滞后于旅游业的发展，这是我国旅游产业素质偏低的关键症结之一。

1. 培养目标不明确

培养目标是学校一切教学活动的出发点和归宿。目前，国内多数旅游院校的培养目标不明确，主要是由于外延式扩张战略指导下的旅游院校关起门来办学，对旅游业发展现状和人才需求及旅游教育承载的使命缺乏了解，对于自身培养什么类型的旅游人才，比如，是服务操作型人才、基层管理人才、中高层管理人才，还是理论研究人才，并不十分明确，因此，在培养目标、专业和课程体系设置方面存在一定的盲目性。多数学校都以原有学科的优势和特点为出发点，通过对国内外旅游院校专业设置和课程体系的进行编排组合，确立自己的专业和课程体系，致使专业设置缺乏规范性、专业性、适应性，课程体系"大而全、小而全"，都想培养旅游业全才，以致培养的人才在理论结构、能力结构方面难以适应旅游行业相应岗位的任职要求。

2. 人才培养结构不合理

根据有关学者的研究，社会智力资源最优模式是金字塔式，其比例是高等人才约为 2%，中等人才约为 18%，初等人才约为 80%，旅游业人才需求同样应以金字塔结构为最佳模式。这是由于旅游产业的应用性、服务性较强，要求培养更多的服务意识强、技能过硬的一线人才；另外，旅游业需要一些具有前瞻性和开拓性的高层次人才进行企业管理和产品开发工作，所以应注重高层次人才的培养。目前，国内旅游人才呈现纺锤形的结构，即高层次人才和一线接待人才在数量上相对于实际需要得少，而中间层次尤其是本科生培养数量却高于实际需要。人才结构失衡导致就业紊乱，即有些层次的毕业生供不应求，而另外一些毕业生则较难找到工作。

3. 旅游师资队伍有待加强

首先，旅游师资队伍整体业务水平尚待提高。造成这个现象的主要原因是：旅游专业教育具有综合性和应用性相结合的特点，这对专业教师提出了更高的要求，一些教师对自己承担的学科有一定的理论研究，但缺少对教学所需的整体知识的掌握和对前沿信息的了解。其次，缺乏实践经验。这是国内院校旅游教师普遍存在的一个问题。教师缺少旅游实际工作的经历和经验，在教学中会出现理论与实践脱节，缺乏对学生技能、技巧的培训，导致教学内容缺少针对性和对实践的指导性，培养的学生往往眼高手低，无法解决旅游管理中的实际问题。最后，教学内容缺乏前瞻性。旅游业随着社会发展而进步，与社会发展的脚步联系紧密，因此，旅游教学内容要与时俱进，不断创新，与国际接轨，跟上时代的发展。这要求旅游教育在结合实际的基础上具有一定的超前性研究，而不仅是总结过去的经验。目前，国内院校旅游教学内容缺乏更新和超前意识，多数是陈旧的观念和方法的老调重弹，部分旅游教师不能捕捉市场最新信息，很难做到把最新知识传授给学生，在教学内容改革上缺乏力度。

4. 课程设置缺乏专业特色

国内旅游院校或旅游专业多依托其他专业的平台设立，因此，课程安排和教学内容带有依附专业、学科的诸多痕迹。多数高校未能发挥原有专业的特色优势，课程设置缺乏体现其专业特色的主干课，各院校之间课程设置无序、大同小异，甚至一些教材的版本都是一样的。此外，部分院校为了增强竞争力，在教学计划中直接引入大量热门专业课程，使得课程体系有低水平的拼凑嫁接之嫌，往往失之庞杂，缺乏内在联系。

（三）国内旅游学校教育影响因素分析

1. 教育体制和政策

教育体制和政策对教育发展水平有很大的影响，适应教育发展规律、具有前瞻性的教育决策对教育发展起着指导和促进作用，而落后的制度则制约教育发展和教育质量的提高。旅游教育的发展同样受到我国教育政策的影响。改革开放后，我国将计划经济下的教育体制转变为社会主义市场经济下的教育体制，逐步建立起中央和省级两级管理，以省级管理为主的新型教育管理体制。学校可以根据地方经济发展的需要，经过国家批准，设置相应的专业进行人才培养，旅游专业的设立得到许可并在多数院校中发展起来。近几年随着旅游业对国家经济的贡献日益增加，旅游专业越来越受到重视，在国内院校蓬勃开展。

2. 旅游业的快速发展

近几年，旅游业快速崛起对旅游专业人才的需求，带动了旅游教育事业的发展。旅游业对旅游教育事业发展的影响体现在：

（1）旅游业发展中出现了许多新的现象和问题，从而产生了新的研究领域，因此，需要在旅游教育中开设相应的专业方向，例如会展、城市规划与设计、休闲旅游等。

（2）旅游业对人才结构的需求影响旅游教育的层次。近几年，旅游业对高级人才的需求增加，旅游教育便加大了对高级人才的培养数量，本科及以上学历的学生数量增长极快；同时，旅游业是一个实践性强的行业，既有扎实的理论基础又有一定动手能力的专科生也是行业需要的主要人才，这一层次的学生也成为教育培养的主要对象。

（3）旅游业在我国地区间发展的不平衡性，对地区间旅游教育产生了影响，旅游教育在我国呈现出东部水平高、从东部向西部逐渐降低的趋势。

3. 社会认知环境

在我国，由于受传统教育观念的影响，社会对旅游教育的认可普遍存在较大偏差。多数人认为旅游服务实践性很强，不需要太高的学历。这种有失公正的社会认知极大地影响和阻碍了我国旅游教育的发展，主要表现在：

（1）很多学生在进入大学或者大专学校选择专业时，受到家庭或者社会的影响，学习旅游专业的热情往往较低，旅游专业受到冷落。

（2）由于对旅游教育的认识存在偏差，旅游专业遇冷，使旅游专业培养的高素质人才比较缺乏，从而导致旅游业整体人员素质不高，继而影响旅游业的长远发展。

（3）社会各方面对旅游教育及受教育者的能力、素质等缺乏信心，不信任的态度将会影响旅游高级人才就业及旅游教育的深度发展。

（四）国内旅游学校教育发展策略研究

1. 政府行政管理

目前，我国旅游教育缺乏有序发展，应依靠政府职能，因势利导，使旅游教育进一步规范化。为了引导、规范旅游教育的发展，国家和地方旅游行政管理部门应做好：

（1）根据旅游业现状和前景，以及旅游教育的发展速度、规模、层次结构等，深入、全面地研究旅游业发展需要多少专门人才，需要哪些专门人才，认真研究供需两个方面，制定科学的旅游院校建设和发展规划，从国家层面对旅游教育的培养目标、地区布局、层次结构、学校规模、实训基地、师资队伍等方面提出要求，并依"法"执行，指导旅游院校的布局，使之与旅游业的发展相协调。

（2）建立旅游教育宏观管理制度。通过考核对现有旅游院校进行整顿，撤销办学条件差的旅游院校；对新建旅游院校或专业应有科学论证和审批程序，设立合理的办学标准，控制旅游管理专业院校的审批数量，教育主管部门要做好新办旅游管理专业院校的办学硬件与软件评估，对缺少专业师资、相关实习、实践条件不配套的院校，要严禁进入。

（3）从行业发展实际出发，做好国家特别是地方旅游人才需求预测和人才素质结构分析，向旅游院校提供旅游人才需求信息，引导旅游院校针对旅游业地区发展的不同水平调整招生计划和专业设置，逐渐优化人才培养模式，明确人才培养规格，结合旅游业发展需要开展专业教学和科研活动，切实加大旅游业中高层管理人才的培养力度。

（4）对旅游教育资源进行规划整合，并定期对教学设备、师资水平、教学质量和科研能力进行考核，该合并的合并，该撤销的撤销。支持距离相近、学科优势互补的院校实行合作办学或合并重组，集中人力、物力、财力办好几所旅游重点院校，打造中国的"康奈尔"和"洛桑"。

2. 办学模式创新

为增强旅游院校的办学活力，适应社会主义市场经济的发展，应积极推进国内教育体制改革，建立多元化的办学模式。由于我国教育体制的原因，旅游院校与旅游企业分属不同的行业，不注重衔接和联合，导致人才培养和需求不符，严重制约了我国旅游教育的发展，进而束缚了旅游业的进程。校企联合办学可以改善这一局面。校企联合办学多为院校选择现代化程度较高、规模较大、与所设专业相同或相近的企业作为合作办学的伙伴，这种模式可以使旅游院校与旅游企业相互介入、相互学习、资源共享、优势互补，实现以学办产、以产辅学、相互促进的良性循环，真正做到双需、双赢，更好地推动旅游教育的进一步发展，进而推动旅游业的发展。

3. 加强院校旅游人才培养的具体措施

（1）树立旅游教育新理念，促进旅游教育发展

理念对旅游教育的发展起着指导作用，为了使旅游教育适应或者适度超前旅游业的发展，必须改变传统的教育理念，树立全新的教育理念。

（2）明确培养目标

明确旅游教育各类院校、各个层次的培养目标，才能为旅游业培养适销对路的人才。目前，我国院校中对旅游专业的划分过细，不利于旅游专业人才知识面的拓展和就业自由度的加大，要对现有过细过多的旅游专业进行整合，逐渐模糊、淡化专业界限，拓宽专业口径，减少专业名称。各个院校不宜追求"小而全"的专业设置，而应依托优势师资力量办好 2~3 个专业，逐渐突出自己的专业特点和优势。

（3）课程体系建设

旅游教育是培养创新型高素质人才的必要途径，而课程体系是教育的核心，教育的质量和人才培养质量在很大程度上取决于院校的课程体系，尤其取决于课程体系的改革和发展水平。课程体系建设主要包括：旅游专业课程体系建设必须与本专业知识体系的基本结构和内在联系相对应，结合旅游业的结构与发展趋势，把素质和能力的培养作为基础知识的升华，在更高层次上体现通才教育；充分考虑自身的现实情况，在课程体系改革的环境、实施条件等方面予以配套支持，使课程体系建设能落到实处。

（4）师资建设

院校旅游专业教师是旅游业研究与发展的先导者，肩负培养旅游行业高级管理人才的重任，决定旅游人才培养的标准与质量，影响我国旅游业发展后续人才的长远大计，决定我国旅游业的走势和进程。因此，加强师资队伍建设，迅速提高旅游专业教师的师资水平，是院校专业建设的一项基本任务。

二、国外旅游学校教育

（一）英国的旅游教育

由于英国人眼中的旅游不仅仅包含"Travel"（旅游），而且还包含"Leisure"（休闲），英国的旅游教育也就不仅仅涉及"Tourism"和"Hospitality"，而且也涉及许多与"Leisure"相关的行业，如零售业、博彩业、娱乐业的知识等。

英国的许多大学设有与旅游相关的专业或学院，大学学士部分的课程专

业针对性很强，科目分得很细。如旅游管理专业、酒店管理专业、食品管理专业、市场专业、零售业管理专业、人力资源管理专业、娱乐博彩业管理专业、历史文物管理专业等。而硕士阶段的课程一般只有旅游管理和酒店管理两个专业，所学的科目涵盖环境、政治、法律、管理行为学、市场学、企业运作、人力资源管理、旅游自然资源管理、会计、航空、企业战略、电子商务等。旅游管理硕士的课程与 MBA 的课程基本相同，所以有些大学的硕士毕业生获得的是旅游管理方向 MBA 的学位。英国的大学虽然实行学分制，但由于每门课均为核心（必修）课程，所以必须通过才能获得写毕业论文的学分和资格。因此在学习中，尤其是在硕士课程阶段，由于只有一年的时间，既要上课又要做论文课题研究，学习是非常紧张的。英国的大学和研究机构对作业，以及论文的命题、架构、研究方式、写作语气、引用成果等都有很严格的要求。对于毕业论文，甚至会在最后一个学期开设关于研究方法的课程，教授调查中分析取样的方法，这是一门需要高等数学运算的课程，有严格的科学根据，并在世界上得到公认。由于有以上要求，作业和论文在那些严谨治学的大学中的通过率并不高，这就是人们说英国的大学进去容易出来难的原因。

1. 旅游教育发展概况

1972 年，英国 Surrey（萨里）大学建立了旅游专业的第一个硕士学位课程，1987 年，旅游首次作为独立的学科出现于英国东北部和南部两所大学 Surrey 和 Strathclyde（萨里大学和思克莱德大学）的本科教育中。到 20 世纪 90 年代，诸如 Nottingham、Trent、Birmingham（诺丁汉大学，特伦特大学，伯明翰大学）等 48 所英国高等教育机构加入不断增长的旅游学位教育和研究课程行列。基于旅游学科的复杂性，英国旅游专业的学生需要先从宏观上学习整个旅游体系中系统化的知识，然后选择一个更加专业的层次学习微观方面的内容。旅游教育机构非常关注两个市场：基于雇主需求的职业市场和基于学生与雇员需求的资力（学历）市场。在此基础上，把旅游教育分为相互区别的 3 种类型，即酒店、餐饮以及旅游，并且把毕业生分为特定类型以方便被雇主雇用，降低了毕业生的需求识别。总之，英国的旅游教育和产业之间建立了非常紧密的合作关系，很好地满足了快速发展的旅游业的需求。

2. 旅游管理专业课程设置

专业理论课程设置。Airey 和 Johnson（艾雷和约翰逊）总结过，英国当时 99 门旅游课程中包括 66 个本科课程和 33 个研究生课程，99 门课程中有 50 个不同的名称，从这 50 个课程名称可以了解到，英国旅游课程的学科划分归属于经济管理、服务、体育休闲、旅游饭店、环境、地理以及社会学、人类学、文化等方面。旅游相关课程大致可以分为两类：一类是寻求在高等教育中体现系统化的宏观课程；另一类是用来处理旅游产业操作方面的课程。此外，99个被调查课程中最常用的名称为旅游管理，大约占全部课程的20%，这是由于20世纪90年代后受美国旅游教育的管理理念影响，教育结构中提供更专业化的课程趋势越来越明显，主要集中在"经营"和"管理"上。

专业实践课程设置。英国在英格兰、苏格兰、威尔士建立了实践课教育体系，注重教学研究、企业、学术机构的协调一致性，促进学生全方位学习。在3年制的本科学习中，一年级就在学校的实习基地进行为期9周的入门级实习，使学生对旅游业的了解与相关的理论学习可以同步，甚至超前。第二年学生要进行8周的在国内外其他企业的实习，用以扩展知识及了解不同类型的企业。学生在毕业之前还有为期16周的管理级实习，使学生直接参与企业管理，获得实际管理经验，实习结束后要交一份至少20页的管理实习报告。除此之外，教师队伍中还聘用很多企业人员从事经营方面的指导。在每学期的课程中，另外会组织各种活动和布置不同的针对企业经营、策划、管理的作业，提高学生参与实际工作的能力。

（二）法国的旅游教育

1. 学校教育

法国的教育体制大致分为4个阶段，即幼儿教育、初等教育、中等教育和高等教育。法国高等教育与其他国家相比有很大不同，以教育结构复杂、学位种类独特为主要特点。根据学校的培养目标、招生制度、教学安排和行政管理等方面的不同，法国高等院校可以分为4类，分别为综合大学、高等专业学院、大学技术学院和高级技师学校。法国的高校还分为公立和私立两类，公立大学一般只需支付一定的注册费用，学费一律免除，由国家负责。

法国的旅游教育可以分为6个层次。除最基层的从业人员不需要接受任何培训外，一般的酒店服务人员需要有中专或者大专文凭；厨师、导游和接待人员需要拥有法国的职业高考文凭；从事酒店业、休闲业的商务助理在高考后要接受2年的职业教育；管理层面的工作人员则必须具有本科文凭或者3年的职业本科文凭，如航空服务管理文凭、高尔夫球场管理文凭、生态旅游从业者资格等；经理一般都有5~10年的工作经验，有由大学或与大学合作的相关机构颁发的硕士文凭。

（1）高等教育阶段之前的旅游教育

STS（les Sections de Technicien Superieur）：高等技术员学校，一般是公立或私立中学的高级班，颁发 BTS 文凭。也有一些高等私立学院开设 BTS 班。

（2）高等教育阶段的旅游教育

法国的高等教育体制于 2004 年秋季起实行了重要改革，1/3 地区的大学开始实行 LMD（或称"358"）新学制；按法国国民教育部的计划，这一高等教育学制的统一转轨于 2005 年全面完成。实施 LMD 改革后，法国确立了以 3 年制本科（学士）、5 年制硕士和 8 年制博士学位为主要架构的大学学制。

法国的旅游教育设有旅游职业教育和旅游学术教育等各类课程。法国大学提供 2 年、3 年或 4 年的旅游教育，总体说来，旅游教育的课程主要有国际酒店与旅游管理、旅游商业研究、旅游节事、旅行管理。学术教育的发展相对来说比较不完善，课程设置有区域旅游规划与管理、酒店管理、教育科学、旅游商业研究、旅游经济、旅游交通等。

法国旅游教育的梯度培养模式是一种较为有效的理论与实践结合学习的方式。梯度培养模式是法国旅游教育的 3 种学制，分别为 2 年制、3 年制和 4 年制的学习，以 2 年制的旅游职业教育为主，职业教育的课程设置较为简单，注重培养学生的实践操作能力、职业能力，以使其能够更好地适应旅游业发展需要。低年级的学习结束后，可以根据一定的考核、评价直接就业或进入更高阶段的学习。3 年制和 4 年制的旅游教育主要是加大了对理论知识教学的力度。这种特色鲜明的梯度培养能够使学生更好地适应社会的需要。

①2 年制的旅游教育类型。BTS（Brevet de Technicien Superieur）：高级技术员文凭。BTS 是国家文凭，高中毕业后至少学习 2 年（bac+2），然后参加国家级的统一考试。第 1 年没有考试，是否能够继续第 2 年的学习要参照学校对学生的鉴定。由于是职业教育文凭，所以学生每年必须参加至少 2 个月实习，实习成绩直接影响能否毕业。无论 BTS 学校是公立还是私立，都无权颁发 BTS 文凭，只能准备 BTS 考试。考试由国家按照各专业统一组织，而不是学校出题。学生在通过 BTS 毕业统考后，就会得到国家统一授予的文凭，即高级技术员文凭。BTS 的专业由教育部统一规定，现有上百个 BTS 专业，其中包含旅游专业。

获得 BTS 文凭后，毕业生可以直接参加工作，旅游专业对应的就业岗位通常为地区旅游发展中心的办公室人员、旅行组织和设计人员、团队负责人员、地区旅游接待中心员工、预订中心的商务人员、旅行团队的负责人、旅游顾问、计调、领队、导游。如果希望继续深造的话，BTS 的毕业生可以申请读大学二年级，最适合就读大学里开设的职业本科、科学与技术硕士文凭（MST）、企业管理类计算机应用硕士文凭（Miage）和大学职业教育学院（IUP）等职业教育文凭；还可以申请上一些工程师学院，尤其是科学技术大学和 ENI 类工程师学院。这些都是比较愿意接受 BTS 学生的工程师学院。

DUT（Diplome Universitaire de Technologie）：大学技术文凭。DUT 学制 2 年，相当于 bac+2，属于短期职业教育文凭的一种。提供 DUT 教育的机构是大学技术学院（les instituts universitaires de technologie，IUT），它是公立大学的 1 个学院。课程分为普通和专业 2 种，一部分专业课由从企业聘请的专业人员讲授。第 1 年没有考试，升级主要参考平时成绩。第 2 年学生必须参加为期 10~16 周的实习。因为此学习类型的文凭是为毕业后可以直接参加工作而设计的，因此毕业后就业率高，也可以去工程师学校、商校和大学等继续深造。以波尔多第 4 大学的技术学院为例，该院开设有旅游发展专业，就业岗位分布在旅行社、娱乐中心、酒店、旅游领域的私营企业，岗位主要包括旅游产品推广人员、娱乐中心接待人员，以及旅游团队管理、顾问、组织者等。

② 3 年制的旅游教育类型。LP（Licence Professionnelle）：职业学士文凭。是大学三年级（bac+3）独立的国家文凭，1999 年推出，课程由学校与企业密切合作而制定，注重理论与实践相结合，包括理论课与专业课两部分，还要进行 3~4 个月的实习，目的是培养适应就业市场需求的人才。学生毕业一般可以在非常专业的部门工作，也可以去工程师学院等继续学习深造。

③ 4 年制的旅游教育类型。IUP（Institut Universitaire Professionalise）：大学职业教育学院。尽管不是一个文凭的名称，但是 IUP 因为有自己的招生和教学的方式，所以被认为是一个独立的职业教育文凭。作为公立大学的一个学院，IUP 一般录取大学一年级的学生，学制 3 年，相当于从大学二年级到大学四年级，毕业时获得的是大学四年级 bac+4 文凭。DUT 和 BTS 等 bac+2 的毕业生可以进入 IUP 的第 2 年。IUP 的入学是一定要参加入学考试的，此外还有面试、口试等。由于其专业性极强，甚至可以说在法国独一无二，吸引着一些企业上门要人，而很多 IUP 毕业生选择继续读第 3 阶段的职业硕士。为了与国际接轨，IUP 也有增加职业硕士课程的趋势，使该文凭变成一个 bac+5（相当于硕士学位）的文凭。以尼斯蓝色海岸大学职业教育学院为例，其目标是提供旅游和休闲娱乐领域的高水平教育，毕业生就业岗位主要分布在酒店、酒店式度假村、俱乐部、度假村、饭店，会议、会展接待中心，旅游类宣传推广活动，旅游产品及交通路线设计、推广、接待、信息、交流

中心，文化与自然遗产的宣传与管理，旅游与休闲娱乐设施管理和发展。

④旅游领域的研究生教育，研究涉及广泛，如经济、管理、政治、文化、生态、教育和规划等多个学科。

2. 法国旅游教育的特点

（1）对外语要求非常严格，一般要求学生能够掌握及运用多门外语。法国的旅游教育十分重视对学生的实际动手能力的培养，特别是 2 年制的旅游教育更是将实践作为核心教育，学生在学习理论知识的同时，还要经常到校属的旅游教育实验室（一般为学校对外经营管理的四星级及四星级以上酒店）进行各种专业技能的培训，并在规定的时期内在各类旅游企业完成实习任务，以达到理论与实践的有效结合。

（2）重视实践。不管是 2 年制、3 年制还是 4 年制的旅游专业教育，实习都是其中的重要环节，而且实习时间长、所占学分高。职业本科性质的高等教育文凭认可职业经验与高等教育文凭的转换。开设有旅游专业的学校通常与企业有良好的合作关系，保证了学生的实习。除此之外，法国 2002 年颁发的《社会现代化法》中关于工作经验有效化法令，针对的就是那些有 3 年或以上的工作经验但是却没有相关专业高等教育学位证书的人群。根据此法令，这些人可以依据相关程序申请相应的高等教育学位，通过了专门评委会的考查后，能够获得相关证书，大学技术学院毕业证书属于其中的一种。但是根据评委会对投考者知识掌握情况的考查结果，颁发的证书分两种：一种为完整证书；另一种证书上会指明投考者所掌握的知识内容和程度、还欠缺的知识面和能力，这种证书又被称为部分证书。

（3）课程设置最显著的特征是以市场为导向的专业设置结构和课程体系。旅游专业课程设置主要以旅游业和社会发展需要为依据，考虑 4 个方面的因素：对从业人员的文化技术素质要求；对从业人员的特殊素质要求；学生可持续学习要求；对从业人员创新素质要求。旅游管理和饭店管理是旅游业最重要的两大部分，因此旅游课程基本围绕这两大部分进行专业设置，形成旅游管理系、公园和娱乐资源系这两大类。

（4）一流的师资配置。学院的教师均经过严格选拔，绝大多数有在酒店长期工作的经历和丰富的职业经验，不少人甚至担任过总经理等高级职务。

（5）与旅游行业相关的职业对从业人员有严格的细分标准，根据职业的不同，对职业证书或需要接受的培训项目的要求也不同。

第二节　短期旅游培训

短期旅游培训属于非学历旅游教育，指不以学生取得学位为目标的旅游教育培训，包括除学历旅游教育以外的各种形式的旅游教育，如旅游行政管理部门进行的旅游业培训，旅游行业机构进行的各类培训，旅游企业提供的系列旅游培训等。随着旅游业的高速发展、素质教育理念的强化和旅游教育改革的深化，非学历旅游教育的重要性不断凸显，并在人才培养和旅游业全面发展方面做出重要贡献。下文将比较分析国内外短期旅游培训。

一、国内短期旅游培训

（一）国内短期旅游培训现状

1. 旅游企业对员工在职培训的态度

（1）大部分旅游企业对员工在职培训要求迫切

据统计，89.1% 的旅游企业员工认为，旅游企业对开展员工培训有迫切或非常迫切的要求，它们对开展员工培训持认同态度的理由基本相同，即一方面是顾客对高规格化和个性化服务的需求越来越强烈；另一方面，旅游业较高的员工流动率容易造成服务效率和服务质量不稳定，而加强员工在职培训是解决问题最便捷迅速的手段。有 10.9% 的旅游企业员工认为本企业对开展员工培训暂时没有迫切的需求，但是旅游行业强调工作经验，员工长期的实践工作是提高其工作技能和业务素质的主要途径，不是几次培训能够解决的。

（2）旅游企业对开展员工在职培训的积极性

据统计，尽管 93.3% 的旅游企业开展了形式多样、覆盖面较广的员工培训，但是在这方面有很高或较高积极性的企业仅占 57.4%。其中，饭店类企业对开展员工培训的积极性明显高于旅游景区和旅行社，旅行社的积极性最低。经过分析可知，影响旅游企业开展员工培训积极性的主要原因包括：人才流失风险较大、培训效果难以立即显现、培训经费不足、替代性人力资源较易获得、统一安排培训容易干扰员工正常排班等。

2. 旅游企业员工对培训的认识

（1）员工参加培训的驱动力

调查显示，影响每个旅游业员工参加培训的驱动因素不是单一的，大多数员工因为感受到激烈的岗位竞争，为提高工作质量而要求有更多的培训（68.2%）；近一半的员工则为了谋求升职、取得更大的职业发展而参加培训（52.9%）；部分员工把培训视为工作中的一个组成部分，不得不参加（30.6%）；极少数人认为培训可以满足职业兴趣（8.7%）。

（2）员工对培训的满意程度

调查显示，对培训满意和很满意的旅游企业员工占26.1%，57.2%的员工认为与期望有差距，16.7%的员工认为没有任何效果。这表明旅游企业培训的实际供给与员工的需求之间存在较大差距。究其原因主要在于：多数企业的培训内容主要限于工作流程要求和安全作业方面，而且缺乏计划性；只有一些外资饭店会把培训与员工职业生涯规划结合起来，进行中长期规划。当企业需要某些新型人才时，首先想到的是招聘，而不是对现有人员进行培训；更有一些旅游企业是在发生顾客投诉或事故后，才着急组织培训，试图通过短期突击弥补服务缺陷或解决问题。

3. 旅游企业员工培训的实施状况

（1）培训机构设置与分工

据调查，90%以上的饭店或有负责员工培训的机构，或有明确的责任分工，而在调查的旅行社和旅游景区中，只有不到10%的旅行社有专人负责培训。旅游企业中饭店业普遍比较重视员工培训，旅行社和旅游景区在此方面较差，这与企业员工队伍的规模有一定关系。

（2）培训的时间保证

据统计，旅游业员工培训频率较高，一半以上的员工每月至少有一次参加培训的机会，但是平均每次培训的时间较短，这与旅游业日常工作的琐碎性和员工培训强调实用性有很大关系。75%的饭店平均每年安排员工培训在40小时以内，且间隔时间全部少于30天，全年员工培训时间分配比较均匀；66.7%的旅行社和旅游景区平均每年安排员工培训在80小时以上，且有50%的单位培训间隔时间在90天以上。这反映出饭店业员工培训的时间安排比较均衡，员工培训较少受经营淡旺季的影响；旅行社和旅游景区则从业务特点出发，更多地采取集中时间密集培训的策略。

（3）培训内容分析

旅游企业员工培训主要涉及服务技能、接待礼仪、专业知识、工作流程、安全教育和外语等方面。据统计，39% 的员工在最近 1 年中至少参加过其中 2 个方面的培训，其余 61% 的员工则参加过 3 个或 3 个以上方面的培训。

安全教育是旅游企业培训普遍关注的内容，91.9% 的员工参与了此类培训，是各类培训中员工参加比例最高的。此外，旅游企业员工培训的重点主要集中在接待礼仪和工作流程 2 个方面，对于服务技能和专业知识的培训较弱。此外，各类旅游企业对培训员工外语应用能力花费的时间明显偏少，培训对象主要集中在管理者和骨干员工，对于普通员工的外语培训很少开展，主要原因一是员工外语基础参差不齐，难以规划；二是外语培训耗费时间较多，培训效果很难立即显现。

（二）国内短期旅游培训存在的问题

1. 缺乏战略性总体规划

旅游企业为员工提供短期培训的动机是多种多样的，主要包括：有助于提高员工劳动生产率、增加员工忠诚度和满意度、作为员工的福利、吸引新员工、提高员工自尊感和自信心。由此可以看出，在实际工作中，员工在职的短期培训更多的是作为一种人力资源开发与管理手段而加以运用，并没有被提升到战略高度予以重视。究其原因，主要是在完全竞争的劳动力市场中，旅游企业不愿为员工提供服务技能方面的培训，因为服务技能，特别是通用服务技能（如接待礼仪、沟通技巧、外语会话等）的提高将增大员工跳槽的概率，从而使得企业投资无从收回。因此，员工短期培训很少在旅游企业总体战略规划中有突出体现。

2. 培训形式和手段十分单一

目前，我国绝大多数旅游企业对普通员工的短期培训主要采用"讲解—示范—尝试—跟踪辅导"四步指导性培训方法，对管理人员则主要采用讲授方式进行短期培训。一些比较适合服务业基层员工培训的方法（如角色扮演法、情景培训法和对话训练法）没有被普遍运用，至于经营游戏、案例研究和会议培训法等可以运用于管理人员的培训模式，在旅游企业短期培训中也比较鲜见。

3. 培训积极性尚待加强

员工高流动率是困扰旅游业健康发展的世界性难题。面对这一难题，多数国内旅游企业采取了比较消极的态度，即在员工培训方面压缩专业知识与服务技能方面的培训内容和时间，几乎放弃员工外语会话方面的培训，仅针对员工当前的工作岗位进行接待礼仪、工作流程和安全生产方面的培训。这种忽视员工综合素质提升的做法不仅不利于员工职业生涯的良性发展，而且会导致员工跨行业流动，从而出现全行业人力资源紧缺的局面。

4. 缺少外部高水平培训力量的支持

当前，我国旅游业员工培训主要依靠企业自身的力量，挑选资深员工和高级别管理人员承担培训讲师的角色，这些人虽然精通业务、熟悉企业的运营模式，但是思维方式有一定的局限性，培训方法和技巧比较生疏，加之对员工培训不是其主要工作职责，因此效果不理想。旅游企业急需来自外部的高水平专业培训机构，通过深入企业调查研究，发现其真实的培训需求，系统性提出员工培训的整体方案，经过双方沟通确定具体培训科目，由专业培训讲师完成主要课程。

（三）国内短期旅游培训改进对策

1. 突出培训在企业人力资源战略中地位和作用

旅游企业必须清楚地认识到人力资源队伍的稳定、建设与发展离不开员工培训，必须在培训时间、培训内容、培训方法和效果评估等方面进行科学规划，强化可操作性；强调员工不仅有义务参加企业组织的各类培训，而且资深员工和管理人员有责任对新手和下属随时进行培训，资深员工和管理人员在培训过程中的表现和培训效果应与其工作绩效评价及职业发展挂钩。

2. 组织企业内部讲师学习专业化培训理论、方法和技巧

员工培训不仅有内在的规律，而且离不开科学的方法和必要的技巧。旅游企业要想依靠自身资源开展培训，必须对承担培训任务的内部讲师从课程开发、培训计划拟订、培训方法、沟通技巧、器材选择和效果测评等6个方面进行系统性培训，培训合格成为企业兼职讲师者，方有资格参与正式培训。

3. 持续性地开展员工培训

调查结果显示，旅游业43%的员工在职培训间隔时间在1个月以上，这与旅游行业经营淡旺季明显有很大关系。多数旅游企业习惯将员工在职培训集中安排在淡季进行，认为这样做不会影响正常经营。但实际上在营业淡季集中一周或几周的时间安排员工培训的做法是不科学的。事实上，越是经营旺季越能够暴露出工作中的问题，围绕出现的问题及时开展培训，不仅针对性强，而且培训效果能够立即显现。具体做法应为：经营旺季主要利用班前（后）会的时间，侧重服务技能、工作流程和安全生产方面的短期培训；淡季培训的重点则是专业知识、接待礼仪和外语会话等。

4. 适时选择员工培训外包

旅游企业劳动力密集、员工流动率高的特点决定了员工培训的工作量特别大，有实力的企业可以考虑选择一家熟悉本行业的专业化人力资源管理咨询机构，将员工培训委托外包，不仅可以使企业更专注于核心业务，而且这也是未来旅游业人力资源管理的发展趋势。

二、国外短期旅游培训

（一）法国短期旅游培训

短期培训的内容分为两种：一种以最终参加国家组织的职业证书考试为目的，培训时间相对较长，每年 400~675 学时不等，可能通过培训获得 CAP（职业资质证书）、BTS（高级技术员文凭）、CQP（职业能力证书）、BEP（职业学习文凭）、bac professionnel（职业高中毕业会考）、Lp（职业本科）等；另一种不以获取文凭或证书为目的，而是为满足工作过程中某方面的实际能力需要，培训时间相对较短，从几天到几个月均有。

能够提供旅游业短期培训的场所分为两种：一种是旅游类院校，除了进行全日制学校教育外，同时可以提供短期培训；另一种是培训中心，专门进行短期培训。

第一种，旅游类院校。以欧洲旅游学院（UET）为例。这是一所专门为全世界培养各种旅游和酒店管理方面人才的大学，也是一所同时被意大利教育部、劳动部以及欧盟旅游部认可的旅游专业学院，还是唯一授权可以颁发 T.P.S.T. 证书的学校（该证书是意大利教育部和欧盟旅游部认可的旅游高级等级证书）。UET 开设多种旅游类证书培训课程，以及旅游管理专业 2 年制大专、3 年制本科、硕士、MASTER 课程供学生选择。知名培训教育中心提供的短期培训种类较多，针对的工作岗位覆盖面广。

同时，Educatel 还可以提供 2 年时限的、以参加法国国家统一考试并获得高级技术员文凭（BTS）为目标的培训。

此外，同类的院校还有大南方旅游学校（Grand Sud Tourisme School）、卡普万旅游学校（Cap vers）、图农国际学校（Tunon ecole internationale）等。

第二种，专门的短期培训中心，以中部地区旅游培训中心（Formation Tourisme de la Region Centre）为例。中部地区旅游培训中心主要提供 3 个领域的培训项目：电子旅游业务培训、品质培训、可持续发展培训。每个领域的培训项目又根据培训内容的差异化细分为不同的培训班，每个培训班的目标人群、目的、计划都独具特色，培训时间从半天、一两天到三四天不等。此培训中心的目的在于提高旅游对经济的贡献值，使中部地区成为可持续发展的旅游目的地。因此，此培训中心提供以上 3 个主题的、使从业人员能够自我提升的培训内容，从而提高公司活力和当地的旅游吸引力。

（二）西班牙的短期旅游培训

根据西班牙 1990 年《教育体系总法》中《组织法》第 30 章第 2 款："教育体系中的职业培训的目的，旨在通过培训使得学生掌握多项技能并适应职业领域中的新变化。"因领域不同，培训周期通常为 1300~2000 小时，其中 25% 的时间甚至是在某公司内部进行。

职业家庭旅店与旅游学位有中等职称和高等职称两种，其中中等职称包括餐饮技师、糕点和面包技师、餐厅和酒吧技师。

高等职称包括旅行社高级技师、住宿专业高级技师、旅游活动高级技师、旅游信息及营销高级技师、旅游修复专业高级技师。

值得一提的是，自 2003 年起，加泰罗尼亚自治区教育部门与自治区内大学签订了高级职业培训和大学第一周期学分互认的框架协议，该协议可以促进学生在接受职业培训后继续到大学深造。

（三）日本的短期旅游培训

日本的短期旅游培训主要以讲座和培训班的形式开展，从事培训的主体是观光厅、都道府县和同级观光协会、市区町村和同级观光协会、商工会议所及其他如 NPO 法人、街道团体、企业等组织。

1. 开办讲座和培训班

比如，被观光厅评选出来的"百名优秀旅游观光地创建人"在本地和日本全国巡回演讲或开办讲座，向旅游行业相关人员、行政人员和有志创建旅游观光地的人员介绍经验。同时，召集"百名优秀旅游观光地创建人"开班培训，对旅游行业相关人员、行政人员和有志创建旅游观光地的人员进行免费培训，每期为期一个半月左右。

2. 人才培养目标

人才培养目标主要包括：观光市民导游；观光地域创建领军人；能够规划实施旅游体验项目的人才；旅游目的地商品开发人才；旅游体验项目指导；特产开发人才等 6 类人才。

3. 培训内容

培训内容主要包括：本区域现状把握；学习专门知识，如外语；观光目的地实习；本区域现状考察；观光振兴政策整体现状把握；先进地区案例报告；先进地区考察；创设资格认定制度；实施当地资格考试等。

4. 与大学合作

合作内容主要包括：大学派教师讲授观光方面的理论；大学教授作为顾问和成员共同参与事业运作；学生参与宣传活动和讲习班。学生参与小组讨论课；创建观光地顾问；向大学派遣地域创建实践人员；制作人才培养项目；开设面向社会人员的讲座；开展学生实习等。

5. 培训后去向

主要有：观光志愿者；对所从事工作有帮助；成为创建观光目的地的领军人物；在旅游行业工作；在其他行业工作。

6. 人才培养成果

人才培养成果主要包括：充实了旅游导游队伍；开发了能有效利用自然等旅游资源的体验式菜单；开发了旅游目的地商品；开展了宣传活动；实现了跨地域合作；开发了新的土特产品；完善了外国游客接待体制；完善了景区和街道景观；设立了 NPO 法人等创建地域团体；扩大了旅游产业的就业；设立了旅游相关公司等多项成果。

7. 留下的课题与存在的问题

留下的课题与存在的问题主要包括：参与人数少；培养经费不足；没有足够的合适的教师；没有适当的教材和项目；没出具体的成果。

对于今后旅游人才的培养，绝大部分组织机构（73%）没有具体的计划，原因主要包括：没有相应的组织和体制；资金不足；不知如何实施；人才培养出口不足；人才已经足够；没感到人才培养的必要性等。

参考文献

[1] 罗佳明 . 旅游管理导论 [M]. 上海 : 复旦大学出版社 ,2010.

[2] 张卫红 . 旅游管理 [M]. 北京 : 中国金融出版社 ,2006.

[3] 张华 , 李凌 . 智慧旅游管理与实务 [M]. 北京 : 北京理工大学出版社 ,2017.

[4] 刘希玲 . 中外旅游管理模式比较 [M]. 北京 : 中国旅游出版社 ,2015.

[5] 邹统钎 , 郑洁 . 中外旅游人才培养模式与教学方法研究 [M]. 天津 : 南开大学出版社 ,2014.

[6] 桑霞 , 罗晶 , 许慧卿 . 关于我国旅游高等教育改革与发展的探讨 [J]. 湖北科技学院学报 ,2019(02):33-37.

[7] 刘欢 . 中外高职旅游人才培养模式与教学方法研究 [J]. 度假旅游 ,2019(02):133-135.

[8] 刘玉丽 . 全域旅游发展视角下复合型旅游人才培养模式研究 [J]. 西部素质教育 ,2018(22):140-142.

[9] 石晓峰 , 王英其 . 中外高校体育旅游专业课程设置与实施的比较研究 [J]. 体育研究与教育 ,2018(04):45-50.

[10] 赵俊明 , 于亚琦 . 中外高职旅游人才培养模式对比研究 [J]. 度假旅游 ,2018(07):17-20.

[11] 徐宏 , 徐荣民 . 全域旅游背景下旅游专业人才培养模式创新研究——基于旅游经营型人才培养 [J]. 四川旅游学院学报 ,2018(01):89-92.

[12] 任唤麟 , 胡晓娟 . 我国高校国际化旅游人才培养研究现状与展望 [J]. 淮北师范大学学报 (哲学社会科学版),2017(05):130-133.

[13] 王淑娟 , 田菲 , 李国庆 , 邢志勤 . 基于社会需求的旅游人才培养与培训一体化研究 [J]. 唐山师范学院学报 ,2017(01):157-160.

[14] 王博 , 杜秋娜 . 我国高校旅游外语人才培养模式改革探究——评《中外旅游人才培养模式与教学方法研究》[J]. 新闻与写作 ,2016(12):113.

[15] 熊礼明 , 薛其林 . 高校旅游管理专业产学研人才培养模式构建探讨 [J]. 长沙大学学报 ,2016(06):138-141.

[16] 王梦茵,陈金华,牛亚慧.基于"互联网+"的旅游教育国际合作办学模式研究[J].互联网天地,2016(09):17-20.

[17] 陈肖静,许驰.本科旅游管理专业人才培养模式及其实践的研究[J].扬州职业大学学报,2016(01):52-57.

[18] 单凤霞.我国与英美等国体育旅游专业人才培养模式的比较[J].体育学刊,2015(04):66-70.

[19] 胡善风,程静静,沈科.旅游管理类专业"四位一体"国际合作办学模式研究[J].中国大学教学,2015(04):36-39.

[20] 张丹宇.高校旅游管理专业应用型创新人才培养模式[J].学术探索,2015(02):73-77.

[21] 杨莎莎,邱雪晨.旅游管理专业应用型人才培养模式研究[J].市场论坛,2014(12):85-87.

[22] 范士陈,陆佑海.国际水准旅游人才培养模式构建初探[J].经济师,2014(12):231-233.

[23] 谢春山,赵莹莹.中外旅游人才培养模式的比较分析[J].嘉应学院学报,2014(10):86-91.

[24] 谢春山,刘妍.试论"能力——市场导向"型旅游专业人才培养模式[J].辽宁教育行政学院学报,2014(05):30-35.

[25] 羊绍全.基于卓越人才培养理念的旅游管理差异化人才培养模式探索——以广西民族师范学院为例[J].黑龙江教育(高教研究与评估),2014(02):77-79.

[26] 田娜,王丽华,刘婷磊.近年来期刊类旅游教育文献综述[J].旅游研究,2013(04):19-25.

[27] 王天佑,李丽红,田雅娟.中外高校旅游应用型人才培养模式比较分析[J].技术与创新管理,2013(03):272-275.

[28] 袁露,杨喜梅.创新型旅游管理工程师培养模式研究初探[J].前沿,2013(08):84-86.

[29] 丁龙庆,雷若欣.旅游管理本科专业人才培养模式的创新探索[J].巢湖学院学报,2012(05):148-151.

[30] 何红.论地方本科院校旅游管理专业创新人才培养——基于深度访谈与调研的视角[J].教育与教学研究,2012(02):56-58.